人力资源管理
在数字化转型中的应用研究

马福山　著

东北大学出版社

·沈　阳·

图书在版编目(CIP)数据

人力资源管理在数字化转型中的应用研究／马福山
著. -- 沈阳:东北大学出版社,2025.5. -- ISBN 978-
7-5517-3816-3

Ⅰ. F272.92-39

中国国家版本馆 CIP 数据核字第 2025PZ5264 号

出 版 者:东北大学出版社
　　　　　地址:沈阳市和平区文化路三号巷 11 号
　　　　　邮编:110819
　　　　　电话:024-83683655(总编室)
　　　　　　　　024-83687331(营销部)
　　　　　网址:http://press.neu.edu.cn
印 刷 者:沈阳文彩印务有限公司
发 行 者:东北大学出版社
幅面尺寸:185 mm×260 mm
印　　张:8
字　　数:158 千字
出版时间:2025 年 5 月第 1 版
印刷时间:2025 年 7 月第 1 次印刷
责任编辑:段慧亚
责任校对:王　佳
封面设计:张田田　潘正一
责任出版:初　茗

ISBN 978-7-5517-3816-3　　　　　　　　　定　价:45.00 元

前　言

　　在瞬息万变的数字化时代,企业正面临着前所未有的机遇与挑战。传统的人力资源管理,因其过度依赖人工操作,常常面临效率低下、数据不准确、决策缺乏科学依据等诸多问题。而数字化技术的应用能够实现人力资源信息的快速获取、准确分析和科学决策,极大地提升了人力资源管理的效率和准确性。通过人力资源数字化系统,企业可以实现对员工的个性化管理和服务,简化管理流程,降低管理成本,提高员工的满意度和工作积极性,进而形成良好的企业文化和竞争优势。

　　本书基于连云港师范高等专科学校的教学经验,从人力资源管理数字化转型基础入手,分析了人力资源规划在数字化转型中的应用,对人员招聘与培训在数字化转型中的实践进行了讨论,探究了绩效、薪酬与劳动关系管理的数字化转型。希望通过本书的介绍,能够为读者在人力资源管理在数字化转型中的应用研究方面提供参考和借鉴。

　　在写作过程中,笔者参阅了相关文献资料,在此,谨向其作者深表谢忱。

　　由于水平有限,书中疏漏和不足之处在所难免,期望得到广大读者的批评指正,并衷心希望同行不吝赐教。

著　者
2024 年 11 月

目　录

第一章　人力资源管理数字化转型基础

第一节　数字化人力资源管理的定义与内涵

一、人力资源管理的基本概念

(一)人力资源管理的定义

人力资源管理是指通过系统化的管理方法,优化人力资源的配置和使用,以实现组织目标的过程。其核心职能包括招聘、培训、绩效评估和员工关系管理。这些职能不仅是人力资源管理的基础,也是其在组织中发挥战略作用的关键。通过有效的人力资源管理,企业能够在激烈的市场竞争中获取并保持竞争优势,实现可持续发展。

人力资源管理涉及员工职业周期的各个阶段,从员工的入职、在职发展到离职的全方位管理。这种全方位管理不仅有助于提升员工的工作满意度和忠诚度,还能有效降低员工流失率,保持团队的稳定性。同时,人力资源管理的法律合规性也是其重要功能之一。确保组织遵循劳动法规和行业标准,不仅是企业社会责任的体现,也是维护企业声誉和合法权益的必要措施。合规管理能够帮助企业规避法律风险,提升企业的整体管理水平。

(二)人力资源管理的重要性

人力资源管理对企业绩效有直接影响。通过优化人力资源管理流程,企业能够显著提升员工的生产力和工作效率。有效的人力资源管理系统能够帮助企业识别员工的技能和潜力,合理安排工作任务,从而最大化地利用人力资源。此外,科学的人力资源管理还能够通过绩效考核、职业发展规划等手段,激励员工不断提高工作效率,最终推动企业整体绩效的提升。

人力资源管理在吸引和留住人才方面也发挥着至关重要的作用。现代企业面临激烈的人才竞争,如何吸引并留住优秀人才成为企业成功的关键。通过制定合理的招聘策略和员工发展计划,人力资源管理能够帮助企业增强人才竞争力。

企业通过提供良好的职业发展机会、具有竞争力的薪酬福利及积极的工作环境，能够有效吸引高素质人才，并通过持续的员工关怀与发展计划，提升员工的忠诚度和满意度。

在人力资源管理中，促进员工职业发展和技能提升是核心任务之一。通过提供系统的培训和发展计划，企业可以帮助员工不断提升专业技能和职业素养。这不仅有助于员工个人的职业发展，也能为企业培养具备多样化技能的人才，从而提升企业整体竞争力。员工在职业发展中获得的成就感和满足感，也会进一步增强其对企业的忠诚度和归属感。

人力资源管理通过建立良好的企业文化，增强团队凝聚力和员工归属感。企业文化是企业在长期发展过程中形成的价值观和行为准则，是企业核心竞争力的重要组成部分。通过人力资源管理的努力，企业可以营造一个积极向上、团结协作的工作氛围，使员工产生强烈的归属感和认同感。良好的企业文化不仅能提升员工的工作满意度，还能增强团队的凝聚力，促进企业的可持续发展。

人力资源管理在应对市场变化和组织变革中的灵活性也是企业保持竞争力的重要因素。随着市场环境的不断变化，企业需要具备快速调整和适应的能力。人力资源管理通过灵活的组织结构和人力资源政策，支持企业的长期发展战略。通过及时调整人力资源配置和优化组织流程，企业能够更好地应对外部环境的变化，保持其在市场中的竞争优势。

二、数字化人力资源管理的基本概念

（一）数字化人力资源管理的概念

数字化人力资源管理是指通过整合先进的信息技术，提升企业人力资源管理效率与透明度的管理方式。其核心在于利用技术手段，使得人力资源管理流程更加高效、透明，具备可追溯性。通过引入信息技术，企业能够更好地整合和管理人力资源数据，从而优化招聘、培训、绩效管理等关键环节。这种集成不仅提高了企业内部的管理效率，还增强了信息的透明度，使得管理层和员工都能更清晰地了解与掌控人力资源状况。

此外，数字化人力资源管理借助数据分析技术，使企业决策更加依赖事实基础。通过大数据分析工具，企业可以从海量数据中提取有价值的信息，支持战略性的人力资源决策。这种基于数据的决策方式，不仅提高了决策的准确性，还使得企业能够快速响应市场变化和内部需求,这是传统人力资源管理难以实现的。

数字化人力资源管理还在优化员工体验方面发挥着重要作用。通过自助服务平台,员工能够随时随地访问和管理自己的信息,如工资单、考勤记录和绩效评估等。这种自助服务不仅增强了员工对个人信息的掌控感,还减轻了人力资源部门的工作负担,使其能够将更多精力投入到战略性工作中。同时也有助于提升员工的满意度和忠诚度。

在支持灵活的工作模式方面,数字化人力资源管理能够有效适应现代企业对多样化用工形式的需求。随着远程办公和弹性工作时间的普及,企业需要更灵活的管理工具。数字化人力资源管理系统能够提供灵活的考勤和绩效管理方案,支持员工在不同地点和时间完成工作任务,从而提高工作效率和员工的工作满意度。

最后,数字化人力资源管理借助云计算和人工智能技术,实现了智能化与自动化。这些技术的应用使人力资源管理从传统手工操作转向智能化自动处理。例如,通过人工智能实现自动化的简历筛选和定制化的员工培训方案。这不仅减少了人力资源管理的重复性工作,还提高了管理的精准度和响应速度,助力企业在激烈的市场竞争中保持优势。

(二)数字化人力资源管理的必要性

人力资源管理的数字化转型能够显著提高管理效率,通过自动化流程减少人工操作和错误,优化传统的依赖纸质文件和手动操作的管理模式。这种转型使企业能够实时更新和共享人力资源信息,从而大幅提高管理效率,避免信息滞后和数据错误。

此外,数字化转型推动人力资源管理基于数据分析进行决策,增强决策的科学性和有效性。通过对员工绩效、招聘渠道、培训效果等关键数据的分析,人力资源部门可以更精准地识别问题和机会,制定出更符合企业战略的政策和措施。这种数据驱动的决策方式不仅提高了管理的透明度和公信力,还使企业能够更迅速地响应市场变化。

数字化转型还促进了员工自助服务平台的普及,使员工能够更便捷地管理个人信息,如查看工资单、申请休假和更新个人信息等。这一举措不仅减轻了人力资源部门的工作负担,还提升了员工的自主性和满意度,反映了企业人力资源管理理念的更新。

在工作模式方面,数字化转型支持灵活的工作方式和远程办公,满足现代企业对多样化用工形式的需求。随着全球化和信息技术的发展,企业对灵活用工的需求日益增加。数字化工具的应用使远程办公和灵活工作安排成为可能,降低了运营成本,同时增强了企业在人才市场上的竞争力。

最后,数字化转型借助大数据、人工智能等先进技术,推动人力资源管理的智能化和自动化,显著提升管理的精准性和灵活性。企业可以通过智能系统进行人才匹配、绩效评估和员工发展规划的制定,满足快速变化的市场需求。这种智能化的管理方式,不仅提高了企业的运营效率,也促进了人力资源管理的创新和发展。

三、数字化人力资源管理的关键特征

(一)以员工体验为中心

数字化转型强调通过技术手段提升员工的工作满意度和生活质量。自助服务平台使员工能够自主更新个人信息,简化流程的同时赋予员工更多自主权,增强其对企业的信任感和归属感。这种平台不仅提高了信息管理的便捷性和透明度,信息化时代还能更好地满足员工的个性化需求,提升整体管理效率。

数字化工具的使用不局限于信息管理,还扩展到员工的学习和发展领域。这些工具能够为员工提供个性化的学习和发展建议,帮助员工根据自身需求制定职业发展计划。这种个性化的支持不仅提升了员工的技能水平,也增强了他们的职业发展信心。通过为员工提供量身定制的学习路径,企业能够更好地激发员工潜力,实现个人与组织的共同成长。这种双赢的局面也是数字化人力资源管理的重要目标之一。

员工体验调查和反馈机制的建立,是企业了解员工需求、优化管理策略的重要途径。通过定期的调查和反馈,企业能够及时捕捉员工的真实想法和需求,从而在管理策略上做出相应调整。这种机制不仅提高了员工的参与感,还使企业能够在激烈的市场竞争中保持灵活性和敏捷性。通过不断优化管理策略,企业可以更好地适应外部环境的变化,提升组织的整体竞争力。

灵活的工作安排和远程办公选项是数字化人力资源管理中的另一重要特征。这种灵活性提高了员工的工作满意度和生活质量,特别是在全球化和信息化的背景下,远程办公成为新常态。通过提供多样化的工作方式,企业能够吸引和留住更多优秀人才,创造平衡的工作与生活环境。

数字化沟通工具的引入增强了员工之间的互动与协作。无论是通过即时通信软件还是视频会议平台,员工可以随时随地进行高效沟通。这种无缝的沟通方式不仅提升了团队的凝聚力,也提高了整体工作效率。在数字化转型的背景下,企业通过这些工具能够更好地支持团队合作,实现组织目标。通过增强互动与协作,企业不仅提升了内部沟通效率,也为创新和变革创造了更多可能性。

(二)灵活的组织结构和运营模式

在快速变化的市场环境中,企业需要具备快速响应能力,以促进业务的敏捷性和适应性。灵活的组织结构能够通过减少层级和简化流程,提升企业在应对市场变化时的反应速度。扁平化管理方式可以显著提高内部沟通效率,减少信息传递的层级损耗,从而增强团队协作的灵活性和效率。这样的组织结构不仅有助于企业在动态的市场环境中保持竞争力,还能为员工提供更加开放和包容的工作氛围,激发创新和创造力。

在数字化人力资源管理中,跨职能团队的建立是提升组织整体工作效率的关键。通过打破传统的部门壁垒,跨职能团队能够促进不同部门之间的信息共享与合作。这种合作模式不仅能够充分利用各部门的专业优势,还能在项目推进过程中减少沟通障碍,提高决策的科学性和执行的有效性。跨职能团队通过集成多样化的视角和技能,能够更好地应对复杂的业务挑战,为企业创造更大的价值。此外,这种结构还可以为员工提供更多的学习和成长机会,提升个人职业发展的可能性。

远程办公和灵活用工模式在数字化时代下逐渐成为主流。这种模式不仅能够满足员工不同的工作需求,还能显著提升员工的满意度和工作积极性。远程办公为员工提供了更大的时间和空间自由,使他们能够在更加舒适的环境中工作,从而提高工作效率。同时,灵活用工模式允许企业根据业务需求灵活调整人力资源配置,降低人力成本,提高资源利用效率。这种人性化的用工模式不仅能够吸引和留住优秀人才,还能增强企业在人才市场中的竞争力。

数字化工具在支持实时项目管理和任务分配中发挥着重要作用。通过利用先进的数字化平台,企业可以实现对项目进度的实时监控和任务的动态分配,从而优化资源配置。这种实时管理方式能够提高运营的灵活性和效率,使企业能够在快速变化的市场环境中保持敏捷。数字化工具还能够提供数据驱动的决策支持,帮助管理者做出更为精准和及时的决策。这不仅提升了企业的运营效率,还增强了企业在市场中的竞争力。

四、数字化人力资源管理的驱动因素

(一)技术进步与创新的推动

技术进步与创新是数字化人力资源管理的核心驱动力之一。智能算法的应用使企业可以更快速地匹配候选人与职位要求,显著提高招聘效率,同时减少人为偏见的可能性。此外,人工智能可以通过分析候选人的背景和技能,预测其在特定岗位上的潜力,从而优化人力资源配置,确保企业招聘到更契合岗位需求的人才。

大数据分析技术的进步使企业能够实时监控员工绩效。通过对海量数据的分析,管理者可以精准识别潜在的绩效问题,并进行及时干预。这种数据驱动的管理方式不仅提高了团队的整体效率,还为个性化的员工发展计划提供了有力支持,帮助员工更好地实现职业成长。

云计算技术的普及为人力资源管理系统带来了革命性的变化。云平台实现了信息的集中管理与共享,提升了数据的安全性和可访问性。云计算不仅降低了企业的 IT 成本,还提高了系统的灵活性和可扩展性,使企业能够更快速地适应市场变化,灵活调整人力资源策略。

移动技术的发展进一步推动了人力资源管理的数字化转型。员工可以通过移动设备随时随地访问人力资源服务系统,如查看工资单、申请休假或参加培训。这种便捷性不仅增强了员工的参与感和满意度,还提高了企业的响应速度和服务质量,使人力资源管理更加贴近员工需求。

社交媒体和网络平台的广泛应用为企业提供了全新的招聘渠道。通过这些平台,企业能够更广泛地接触和吸引潜在人才,扩大招聘范围,提升雇主品牌的知名度。企业可以通过分享自身的企业文化、价值观和员工故事,吸引与其理念一致的候选人。此外,社交媒体还为企业提供了与潜在员工互动的机会,使得招聘过程更加透明和高效。总之,技术进步与创新为人力资源管理的数字化转型提供了强大的动力,使其在效率、灵活性和员工体验方面都得到了显著提升。这些技术的应用不仅优化了人力资源管理的各个环节,还为企业在激励的市场竞争中提供了战略优势,推动了人力资源管理从传统模式向智能化、数字化方向的全面升级。

（二）全球化与竞争的压力

在全球化背景下,企业不仅面临着来自不同国家和地区对市场份额的激烈争夺,还面临着对优秀人才的吸引和保留竞争。这种竞争的加剧要求企业必须具备更高效的人才管理能力。数字化转型为企业提供了新的工具和方法,使其能够在全球范围内更有效地识别、吸引和管理人才。通过数字化手段,企业可以打破地域限制,充分利用全球人才库,从而增强自身的竞争优势。

此外,数字化转型还帮助企业更灵活地应对全球化带来的多样化用工需求。随着市场环境的不断变化,企业需要具备快速调整人力资源配置的能力,以满足不同地区和业务线的需求。数字化工具的应用使企业能够在短时间内重新配置人力资源,确保在竞争激烈的市场中保持灵活性和适应性。这种灵活性不仅提高了企业的运营效率,也在一定程度上增强了企业的市场竞争力。

在全球市场中,招聘效率的提升是企业应对竞争压力的关键。数字化工具的引入使企业能够通过大数据分析和人工智能技术优化招聘流程,从而更快速地响应市场变化和竞争压力。通过数字化招聘平台,企业可以在更短的时间内筛选出符合职位要求的候选人,并通过在线面试等方式加快招聘进程。这不仅节省了时间和成本,还提高了招聘的精准度和成功率。

全球化还要求企业在人才管理上实现标准化与本地化的平衡。数字化人力资源管理能够支持这一复杂需求,通过统一的系统平台,企业可以在全球范围内实现人力资源管理的标准化,同时又能根据当地的法律法规和文化习惯进行本地化调整。这种标准化与本地化的结合,使企业在保持全球一致性的同时,能够更好地适应当地市场的特殊需求。

为了应对全球化竞争,企业通过数字化手段提升人力资源管理的透明度与效率,从而增强组织的竞争力和市场适应能力。数字化技术的应用使人力资源管理的各个环节都能实现实时监控和数据分析,管理者可以通过数据驱动的决策提高组织效率。同时,透明化的人力资源管理也有助于提升员工的满意度和忠诚度,为企业的长期发展奠定坚实的基础。

（三）员工期望与需求的变化

随着时代的发展,现代员工对工作环境和职业发展的期望已不再局限于传统的薪酬和职位晋升,而是更关注工作灵活性、个性化发展、企业文化及工作与生活的平衡。尤其是在远程办公和弹性工作时间方面,员工的需求日益显著。数字化工具的普及使得员工能够在任何时间、任何地点高效地完成工作任务,这种灵活性不仅提高了员工的工作满意度,也增强了企业的吸引力和竞争力。

员工对职业发展的期望也发生了显著变化。他们希望获得更具个性化的支持,而传统的"一刀切"培训模式已无法满足这种多样化需求。因此,企业需要通过数字化平台提供定制化的学习和发展机会,帮助员工实现个人职业目标。这种个性化的支持不仅有助于提升员工的技能水平和职业成就感,也增强了员工对企业的忠诚度和归属感。

随着社会价值观的变化,员工对企业文化和价值观的关注度显著增强。他们期望在一个与自己价值观相符的环境中工作,这种期望促使企业在数字化转型过程中更加关注企业文化的建设和传播。数字化工具可以帮助企业在全球化背景下有效地传递和强化企业文化,增强员工的文化认同感和凝聚力。

数字化工具的应用也改变了员工获取反馈和沟通的方式。员工期望通过便捷的数字化渠道获得及时的反馈和沟通,这不仅提升了工作中的透明度和参与感,也促进了企业内部的信息流动和协作效率。通过数字化平台,员工可以更加主动地参与到企业的决策过程中,增强主人翁意识和责任感。

此外,员工对工作与生活平衡的重视程度不断提高,期望企业能够理解并支持其个人生活需求。数字化转型为企业提供了更多的工具和手段,以灵活的方式满足员工的个性化需求,帮助他们在工作和生活之间找到平衡。这不仅提升了员工的生活质量,也有助于企业吸引和留住优秀人才,形成良性的人才循环。

第二节　人力资源管理数字化转型的核心技术

一、人工智能技术

(一)人工智能在人才筛选中的应用

人工智能通过自然语言处理技术,能够自动分析海量简历,快速筛选出符合职位要求的候选人。这一过程不仅大幅提升了招聘效率,还减少了人力资源部门的工作负担,使招聘人员可以将更多精力投入到面试和人才培养等更具战略性的工作中。基于机器学习算法,人工智能系统能够识别出候选人的潜在能力及其与职位适配度,帮助企业从海量应聘者中迅速找到最合适的人选,从而做出更为精准的招聘决策,提升整体招聘质量。

此外,人工智能通过数据挖掘分析历史招聘数据,优化招聘渠道和策略。这不仅有助于降低招聘成本,还能提高招聘的成功率和质量。企业可以利用这些分析结果,针对不同职位和市场环境调整招聘策略,更有效地吸引和留住人才。智能聊天机器人能够与候选人进行初步沟通,解答常见问题并进行初步筛选,从而提升候选人的申请体验。这种互动方式不仅提高了效率,还为候选人提供了更人性化的服务。

人工智能还可以分析候选人的在线行为和社交媒体活动,绘制出更全面的候选人画像。这种综合分析不仅为企业提供了更丰富的候选人信息,还为招聘决策提供了有力支持。通过对候选人背景的深入了解,企业可以更好地判断候选人与公司文化的契合度,从而做出更明智的招聘选择。人工智能在人才筛选中的应用,正逐步改变传统的招聘模式,为企业带来新的机遇和挑战。

(二)人工智能驱动的员工职业发展规划

借助人工智能技术,企业能够通过分析员工的职业技能和兴趣,为员工提供个性化的职业发展建议。这种技术不仅能够帮助员工制定合理的职业规划,还能通过对个人能力和职业目标的深入分析,提出切实可行的成长路径。人工智能的应用使得职业发展规划不再是单向的,而是变得更加互动和动态,适应快速变化的职场环境。

利用人工智能算法,企业可以识别员工的潜在职业路径,并提供相应的培训和发展机会,以促进员工的职业成长。通过对员工历史数据和行业趋势的分析,人工智能能够预测未来可能的发展方向,为员工提供最具潜力的职业选择。这种数据驱动的方法不仅提高了职业规划的精准度,还能帮助企业更好地配置人力资源,提升整体竞争力。

人工智能驱动的职业发展规划系统能够实时跟踪员工的职业进展,提供反馈和调整建议,确保员工的职业目标与企业战略一致。通过持续的数据分析和反馈机制,员工可以及时调整自己的发展方向,避免职业发展的盲目性和不确定性。这种实时监控和调整的能力,使得员工的职业发展更加贴近实际需求,提升了职业规划的有效性。

通过数据分析,人工智能可以识别行业趋势和技能需求,帮助员工提前规划职业发展方向,增强其市场竞争力。人工智能不仅能识别当前的市场需求,还能预测未来的技能趋势,为员工提供前瞻性的职业发展建议。这种前瞻性规划有助于员工在激烈的市场竞争中保持领先地位,同时也为企业的人才储备和发展提供了战略支持。

此外,人工智能技术支持员工与导师或职业顾问的匹配,提高职业发展咨询的效率和针对性,促进员工的职业发展与企业需求的对接。通过智能匹配系统,员工可以更快地找到合适的导师或顾问,获得专业的职业发展指导。这种高效的匹配机制不仅节省了时间和资源,还提升了职业咨询的质量和效果,使得职业发展规划更加科学和系统化。

二、云计算

(一)云计算平台在员工档案管理中的应用

云计算平台提供集中化的员工档案管理,确保所有员工信息的安全存储与便捷访问。这种集中化管理模式不仅使企业能够全面掌握员工信息,还在信息安全方面提供了更高保障。云计算的安全协议和加密技术能够有效保护员工数据免受未经授权的访问和潜在的数据泄露威胁。这种安全性对于企业而言尤为重要,尤其是在处理大量敏感人力资源信息时。

通过云计算,企业能够实时更新员工档案,确保信息的及时性和准确性,从而支持快速决策。在传统档案管理模式下,信息更新往往耗费大量人力和时间,而云计算的引入极大地缩短了这一过程。实时更新功能不仅提高了信息的准确性,还使得企业能够在需要时迅速获取最新数据,为决策提供可靠依据。此外,云计算的实时同步功能也使得跨部门的信息共享更加便捷,减少了信息孤岛现象的发生。

云计算平台支持多用户协作,允许人力资源团队在不同地点同时访问和编辑员工档案,从而提升工作效率。传统档案管理系统往往限制了用户的同时操作能力,而云计算的多用户支持则打破了这一限制。人力资源团队成员可以在全球任何地方通过互联网访问档案系统,进行必要的编辑和更新。这种协作能力不仅提升了工作效率,还促进了团队之间的沟通与协作,尤其在跨国公司中,这种优势更加明显。

云计算技术使员工档案管理的自动化成为可能,减少人工操作,提高数据处理的准确性和效率。自动化技术的应用意味着许多重复性、低价值的任务可以由系统自动完成,从而解放了人力资源人员,使他们能够将更多的精力投入到战略性工作中。通过自动化流程,数据录入错误和人为疏忽的风险也大大降低,确保档案管理的高效性和准确性。

云计算平台的可扩展性使企业能够根据需求灵活调整档案管理功能,适应组织规模和结构的变化。企业在发展过程中,其组织结构和规模可能会发生变化,云计算的可扩展性使得档案管理系统能够灵活应对这些变化。企业可以根据自身需要增加或减少功能模块,确保系统始终与企业的发展步调一致。这种灵活性不仅降低了企业的运营成本,还提高了系统的适用性和长久性。

(二)基于云计算的人力资源共享服务中心

在现代企业中,基于云计算的人力资源共享服务中心通过提供集中化服务,能够有效整合企业内部的人力资源管理流程。这种整合不仅提升了信息共享与协作的效率,还使得各个部门之间的沟通更加顺畅。信息的集中化管理使得企业能够在更短的时间内获取所需数据,支持快速决策。这种高效的信息流动和协作机制是传统人力资源管理模式难以实现的,云计算的强大功能在此过程中发挥了关键作用。

此外,云计算在人力资源共享服务中心的应用,显著提升了跨部门的协同工作能力。通过云平台,各部门可以更好地协作,优化资源配置,进而降低运营成本。云计算的灵活性和可扩展性使企业能够根据实际需求进行资源的动态调整,避免了资源的浪费和冗余。这种优化不仅体现在成本的降低上,更体现在工作流程的简化和效率的提升上,为企业创造了新的价值。

云计算平台支持的自助服务功能使员工能够自主进行信息更新和查询,大大提升了员工的参与感与满意度。在传统的人力资源管理中,员工往往需要通过多层级的申请和审批才能完成信息的更新,而云计算平台的自助服务则简化了这一过程,赋予员工更多的自主权。这种改变,不仅提高了员工的工作效率,还增强了员工对企业的归属感。

基于云计算的人力资源共享服务中心还具备实时数据分析能力,使企业能够在瞬息万变的市场环境中快速做出人力资源决策,并增强决策的科学性。通过对实时数据的分析,企业可以准确地把握人力资源的动态变化,及时调整策略以应对市场的变化。这种实时分析能力为企业的长远发展提供了坚实基础。

最后,云计算技术的可扩展性使人力资源共享服务中心能够灵活应对企业规模的变化,适应不同发展阶段的需求。无论是企业的快速扩张还是规模缩减,云计算都能提供相应的解决方案,确保人力资源管理的连续性和稳定性。这种灵活应对的能力使企业在面对外部环境变化时更具竞争力和适应性。云计算的应用正在不断推动人力资源管理的变革,为企业的数字化转型提供强有力的支持。

(三)员工的云端协作与沟通工具

在现代企业中,云端协作工具已成为提升跨部门沟通效率、打破信息孤岛的关键手段。这些工具通过促进信息在不同部门之间的顺畅流动,确保各部门工作协调一致,从而显著提高企业的整体运营效率。

实时文件共享功能是云端协作工具的核心之一。它能够使团队成员即时获取最新资料,从而有效促进项目进展。在传统的工作环境中,文件传递往往依赖于多种渠道,导致信息更新不及时,而云端共享则通过实时同步更新,减少了信息延迟和误解。这种即时获取信息的能力,使团队能够更快地响应市场变化和客户需求,从而在竞争中占据优势。

支持视频会议的云端工具也在团队协作中发挥了重要作用。视频会议不仅是一种沟通手段,更是增强团队成员之间面对面交流的桥梁。通过视频会议,团队成员能够在不同地点进行实时交流,打破了地理限制,提升合作效果。这种面对面的交流有助于建立信任,增强团队凝聚力,使团队能够更加高效地完成任务。

云端任务管理平台为团队提供了清晰的任务分配与责任界定,显著提高了工作透明度。在这样的平台上,团队成员可以一目了然地看到各自的任务和进度,避免了传统管理中可能出现的任务交叉和责任不清的问题。这种透明的管理方式,不仅提高了工作效率,还增强了员工的责任感和参与感。

集成的即时通信功能是云端协作工具的另一大亮点。它促进了员工之间的快速反馈与互动。通过即时通信,员工能够在工作中及时交流意见和建议,快速解决问题,避免因沟通不及时而导致的工作延误。这种互动方式不仅提高了工作效率,还增强了团队的凝聚力,使员工在工作中能够感受到更多的支持和认可。

三、大数据

(一)大数据促进精准招聘与人才匹配

在现代人力资源管理中,大数据技术为企业提供了从海量历史招聘数据中识别出最有效招聘渠道的能力,从而显著提升招聘效率和成功率。传统招聘方式主要依赖招聘人员的经验和直觉,而大数据则通过更为科学、数据驱动的决策支持,使招聘过程更加精准和高效。

通过大数据分析,企业可以深入评估候选人的技能与职位要求的匹配度。传统简历筛选方法往往难以全面衡量候选人与职位的适配性,而大数据技术则利用算法分析,快速筛选出最符合职位需求的候选人。这种精准匹配不仅节省了企业的时间和成本,还提高了员工的入职成功率和满意度。

企业还可以利用大数据技术实时监控市场上的人才供需动态,从而灵活调整招聘策略以适应不断变化的市场环境。通过对市场数据的分析,企业能够预测未来人才需求,提前做好招聘准备。这种前瞻性的招聘策略使企业在人才竞争中占据主动,有效避免了人才短缺或过剩带来的风险。

大数据分析同样可以用于分析员工流失率及其原因,帮助企业制定有效的留才策略。通过对员工离职数据的深入分析,企业能够识别出导致员工流失的关键因素,并针对性地采取措施改善员工保留率。这不仅有助于降低企业的招聘成本,也有助于维护企业的核心竞争力。

此外,通过对候选人社交媒体和在线行为的分析,大数据可以为企业提供更全面的候选人画像。这种多维度的候选人分析能够帮助招聘人员更好地理解候选人的兴趣、价值观和职业倾向,从而辅助招聘决策。通过数据驱动的招聘流程,企业能够更有效地吸引和留住与企业文化和价值观一致的人才。

(二)员工敬业度与保留率的大数据分析

在当今商业环境中,员工敬业度与保留率是企业人力资源管理的核心要素。通过大数据分析,企业能够全面收集和分析员工反馈、工作表现及参与度等多维度数据,从而实时监测员工的敬业度。这种实时监测不仅帮助企业精准识别员工的满意度和忠诚度,还能为其提供更具针对性的员工体验管理方案。通过对数据的深度挖掘,企业可以深入了解员工在工作中的真实感受和需求,进而为其提供更为贴合的支持与资源,有效提升整体的员工体验。

大数据分析还为企业提供了识别影响员工留存率的关键因素的能力。通过对员工行为数据的细致分析,企业可以发现工作环境、薪酬福利、职业发展机会等因素对员工去留决策的影响。了解这些关键因素后,企业可以制定更具针对性的激励措施和改善方案,确保员工在组织中的长期发展和稳定性。这不仅有助于降低员工流失率,还能提升企业整体的竞争力。

此外,大数据技术在员工流失预测方面也发挥着重要作用。通过建立复杂的预测模型,企业能够识别出想要离职的员工,从而提前采取干预措施。这种预测能力使企业能够在员工产生离职倾向之前进行有效的沟通和调整,降低流失率的同时,也减少了因员工流失带来的招聘和培训成本。这种前瞻性的管理方式在当前竞争激烈的市场环境中尤为重要。

利用大数据分析,企业还可以评估不同激励措施对员工敬业度的影响。这种评估能够帮助企业优化薪酬、福利和职业发展机会的设计,使其更符合员工的期望和需求。通过对不同激励措施效果的量化分析,企业可以制定更为科学的激励政策,提升员工的工作积极性和组织归属感,实现企业与员工的双赢。

最后,通过分析员工的工作模式和团队互动数据,企业能够识别出影响团队合作和员工敬业度的障碍,如沟通不畅、资源分配不均等问题。通过大数据分析,企业可以制定相应的策略,促进更高效的团队协作和沟通。这不仅提升了团队的整体效率,也为员工创造了一个更为和谐的工作环境,进一步提升了员工的敬业度和满意度。

(三)基于大数据的人员规划与资源配置

在现代企业管理中,基于大数据的人员规划与资源配置已成为企业获取竞争优势的关键手段。通过数据分析,企业能够全面了解组织内部和外部的人才供需情况。这种分析不仅可以优化招聘策略,还能实现人才的精准引进,使企业在激烈的市场竞争中始终保持人力资源的优势。

通过对历史招聘数据、行业趋势和市场动态的分析,企业能够预测未来的人才需求,从而制定更具针对性的招聘计划。这样前瞻性的招聘策略不仅提高了招聘效率,还降低了招聘成本,确保企业能够及时获取所需的人才资源。

此外,大数据分析还能帮助企业识别关键岗位的人才流动趋势。这一功能对于制定有效的继任计划至关重要,确保企业在关键职位的人员变动中仍能保持业务的连续性和稳定性。通过对员工流动性数据的深度挖掘,企业可以提前识别潜在的离职风险,并采取预防措施,如提供职业发展机会和改善工作环境等,以提升员工的留任率。

通过大数据分析,企业可以评估不同部门和团队的人力资源配置效率。这种评估不仅有助于发现资源分配中的不平衡问题,还能为资源的重新分配提供科学依据。通过对生产力数据、项目需求和人员配置的综合分析,企业能够及时调整资源分配,从而提高整体运营效率。这种动态调整能力使企业能够灵活应对市场变化,保持竞争优势。

大数据技术还支持对员工技能和发展潜力的全面评估。通过对员工绩效数据、学习记录和职业发展路径的分析,企业可以在人员配置中实现技能的最佳匹配。这不仅提升了团队的整体能力,也为员工提供了更符合其技能和兴趣的发展机会,从而提高员工的满意度和忠诚度。在此过程中,企业能够创建一个动态的人才库,随时调配合适的人才以满足业务需求。

利用大数据进行预测分析,企业可以提前识别潜在人力资源短缺问题。通过对市场趋势、技术发展和内部人力资源数据的分析,企业能够制定相应的培训和招聘计划,以适应未来的业务需求。这种前瞻性的人力资源规划确保了企业在快速变化的商业环境中始终具备足够的人才储备,以支持业务的持续增长和创新。

总之,大数据驱动的人力资源管理不仅提高了企业的决策效率,还为企业的长远发展奠定了坚实的基础。通过科学的人员规划与资源配置,企业能够在复杂多变的市场环境中保持竞争力,实现可持续发展。

四、区块链技术

(一)区块链在员工身份验证中的作用

在数字化转型的浪潮中,区块链技术的应用为企业带来了显著的安全性和流程管理优化。通过去中心化的机制,区块链确保员工身份信息的安全性和不可篡改性,这一特性是传统集中式数据库无法比拟的。它消除了单点故障(单点故障是指系统中某个关键部件或环节一旦失效,就会导致整个系统无法正常运作的情况)的风险,并通过分布式账本技术(分布式账本技术是一种数据库技术,它的特点是分布在不同地点、由多个参与者共同维护的记录系统),保障了数据的完整性和真实性。企业在招聘和管理过程中,可以依托区块链技术,构建一个高度安全且可信的身份验证系统。

区块链的智能合约功能为企业提供了自动化处理员工身份验证的能力。这种自动化不仅提高了效率,还大幅降低了人为错误的可能性。在传统的人力资源管理中,身份验证通常需要经过多个步骤,且容易受到人为因素的影响。而智能合约的引入,使得这些流程可以在区块链上自动执行,减少了人为干预,缩短了验证时间。这种技术的应用,不仅简化了人力资源管理流程,还为企业节省了大量的人力和时间成本。

此外,区块链技术支持多方参与的身份验证机制,使得员工的教育背景、工作经历等信息可以由多个可信来源共同验证。在传统模式下,这些信息的验证往往依赖于单一渠道,存在信息不对称和验证不充分的问题。而通过区块链,企业可以将多个可信的第三方机构纳入验证体系,确保信息的全面性和准确性。这种机制不仅提高了信息的可信度,还增强了企业在招聘过程中的决策能力。

区块链的透明性为企业提供了实时监控员工身份信息变更的能力。这意味着企业可以及时更新和验证员工的信息,确保数据的准确性和时效性。在快速变化的商业环境中,信息的实时更新对企业的决策和管理至关重要。通过区块链技术,企业能够更好地掌握员工的最新信息,从而在管理和决策中占据主动。

区块链技术赋予了员工对个人数据的所有权,增强了数据隐私保护。员工可以自主控制和共享自己的身份信息,这不仅保护了个人隐私,还提升了员工对企业的信任度。在数据隐私日益受到关注的今天,这种自主权显得尤为重要。通过区块链,员工不仅可以决定哪些信息可以被访问,还可以追踪信息的使用情况,确保数据的安全和隐私。

(二)基于区块链的薪酬透明化管理

区块链技术凭借其去中心化和不可篡改的特性,为薪酬管理的透明化提供了一个可靠的平台。这种透明化不仅体现在薪酬发放的流程中,更体现在薪酬记录的公开性上。员工可以通过区块链系统实时查看自己的薪酬变动情况,这种透明度有助于增强员工对公司薪酬管理的信任感,同时也能减少因信息不对称而导致的内部矛盾。此外,透明的薪酬管理还可以促进企业内部的公平性和一致性,营造一个更加和谐的工作环境。

区块链技术通过智能合约实现了薪酬发放的自动化。智能合约是一种基于区块链的协议,能够在预设条件满足时自动执行合同条款。在薪酬管理中,智能合约可以根据员工的工作时间、绩效等指标自动计算并发放薪酬,确保薪酬支付的及时性和准确性。这种自动化不仅减少了人为干预的可能性,也降低了操作失误的风险,提升了整个薪酬管理流程的效率。对于企业而言,这意味着可以将更多的资源和精力投入到战略性的人力资源管理活动中。

在企业的薪酬管理实践中,不同部门之间的薪酬标准化是一个常见的挑战。基于区块链的薪酬管理系统可以有效解决这一问题。通过将薪酬标准和计算规则嵌入区块链,企业可以实现不同部门之间薪酬标准的统一和透明。这不仅有助于提升企业内部的公平性,也有助于增强员工的归属感和满意度。此外,标准化的薪酬管理还可以为企业提供有价值的数据支持,帮助管理层进行更为科学的决策。

区块链技术在薪酬管理中还提供了卓越的数据安全性。通过区块链,薪酬数据可以被安全地存储在分布式账本中,防止数据被篡改和泄露。这种安全性对于企业和员工来说至关重要,因为薪酬信息往往涉及个人隐私和商业机密。通过区块链技术,企业可以确保薪酬数据的完整性和保密性,从而提升数据管理的整体安全水平。

最后,区块链技术赋予员工自主控制薪酬信息访问权限的能力。这种自主性不仅增强了个人隐私保护,也提升了数据主权。员工可以根据需要授权或撤销对其薪酬信息的访问权限,从而在一定程度上掌握了对个人数据的控制权。这种数据主权的赋予,不仅符合现代数据保护法规的要求,也有助于提升员工对企业数据管理的信任度和满意度。通过区块链技术,企业在实现薪酬管理透明化的同时,也为员工提供了更高的隐私保护和自主权。

(三)基于区块链的员工合同管理与执行

区块链技术通过智能合约实现了员工合同的自动化管理,确保合同条款的实时执行和透明性。智能合约是一种基于区块链的自动执行协议,能够在满足特定条件时自动执行合同条款,从而减少人为干预的风险和错误。这种技术不仅提高了合同执行的效率,还增强了合同条款的透明度,使所有相关方能够实时查看合同的执行状态,确保合同履行的公正性和透明性。

基于区块链的员工合同管理系统提供了不可篡改的合同记录,增强了合同的法律效力和信任度。区块链的分布式账本技术确保了合同信息的安全性和不可更改性,每一份合同记录都被加密存储在区块链网络中,任何一方都无法单方面篡改合同内容。这种特性不仅增加了合同的法律保障,也提升了各方对合同的信任度,减少了合同纠纷的发生。同时,合同的历史版本也可以被追溯,确保了合同变更的透明性和可追溯性。

区块链技术支持多方验证机制,使合同的签署和执行过程能够得到各方的实时监督与确认。在传统合同管理中,合同的签署和执行通常依赖第三方机构进行验证和监督,这不仅增加了时间成本,也可能带来安全隐患。而区块链的多方验证机制确保合同的每一个环节都在各方的共同验证下进行,保障了合同的公正性和安全性。各方可以通过区块链网络实时查看合同的执行情况,及时发现和解决潜在问题。

通过区块链,员工可以自主管理和访问自己的合同信息,提升对合同内容的掌控感和参与度。在传统合同管理方式中,员工往往无法实时查看和管理自己的合同信息,容易导致信息不对称和误解。而区块链技术的应用使员工可以随时访问和管理自己的合同,了解合同的条款和执行情况。这种透明化的管理方式,不仅提高了员工对合同的理解和参与度,也增强了员工对企业的信任感和归属感。

区块链的去中心化特性降低了合同管理中的中介成本,提高了合同执行的效率和安全性。在传统合同管理中,合同的签署和执行通常需要通过中介机构进行,这不仅增加了成本,也可能带来安全风险。区块链的去中心化特性使合同的管理和执行可以直接在各方之间进行,减少了中介的参与,降低了成本。同时,区块链的加密技术也提高了合同管理的安全性,确保了合同信息的机密性和完整性。

第三节　数字化转型对人力资源管理的影响

一、人力资源管理效率的提升

(一)数据处理速度的提高

在现代企业中,自动化工具的应用极大地加速了数据录入和更新的流程,大幅减少了人工操作所需的时间。这种自动化不仅提高了效率,还降低了人为错误的可能性,确保了数据的准确性和一致性。

实时数据处理能力的增强使人力资源管理能够迅速响应业务需求并及时调整策略。面对快速变化的市场环境,企业能够依赖实时数据做出明智的决策。这种能力的提升不仅提高了企业的竞争力,还提高了其在市场中的适应性。通过数字化系统,管理层能够在第一时间获取关键数据,进行策略调整,确保企业在复杂的商业环境中保持灵活性。

数据分析平台的利用使企业能够快速生成报告,快速实现数据洞察,帮助管理层及时做出决策。通过对大量数据的分析,企业可以识别出潜在的趋势和问题,从而提前采取行动。这种基于数据的决策过程不仅提高了决策的科学性,还增强了企业的前瞻性和战略规划能力,确保企业在市场竞争中占据有利地位。

数字化系统的集成化设计使得不同部门的数据流动更加顺畅,减少了信息孤岛现象。各部门之间的数据共享和协作变得更加高效,促进了跨部门的协同工作。这种数据流动确保了信息在企业内部的快速传递,提升了整体运营效率,减少了由于信息不对称导致的决策延误。

云计算技术的应用使企业能够随时随地访问和处理数据,极大地提升了信息处理的灵活性和速度。云计算不仅降低了企业的 IT 基础设施成本,还提高了数据的安全性和可靠性。企业可以在全球范围内进行数据访问和管理,确保业务的连续性和灵活性。这种技术的应用为企业提供了强大的支持,使其能够在数字时代保持竞争优势。

(二)精简的人员配置与资源优化

在数字化转型的背景下,数据分析技术使人力资源部门能够更精准地进行员工技能与岗位需求的匹配。这种精准匹配不仅提升了员工的工作效率,还减少了不必要的资源浪费。例如,通过分析员工的技能数据与岗位要求,企业可以确保每位员工都在最适合的位置上发挥其最大潜力,从而提升整体工作效率。

自动化工具的应用为人力资源管理带来了革命性的变化。通过自动化技术,企业能够减少冗余岗位,精简团队结构。这不仅降低了人力成本,还实现了资源的高效使用。自动化工具可以处理大量重复性工作,让人力资源管理人员将更多精力投入到战略性任务中,从而提升组织的整体竞争力。

灵活的用工模式在数字化转型中扮演着重要角色。企业可以根据项目需求动态调整人员配置,提升组织的适应性和响应速度。这种灵活性不仅能够应对市场变化,还能提高员工的工作满意度和组织的创新能力。通过灵活运用用工模式,企业可以更好地利用外部资源,实现资源的最优配置。

云计算平台的使用促进了信息共享和跨部门协作,从而优化了资源配置。通过云平台,企业可以实现信息的实时共享,打破部门之间的信息孤岛,提升整体运营效率。云计算不仅为企业提供了更大的灵活性和扩展性,还降低了 IT 基础设施的成本,使得中小企业也能享受到数字化转型带来的红利。

通过对员工绩效数据的分析,企业可以识别出高效能团队及个人,并进一步优化人力资源的分配和使用。这种基于数据的决策方式不仅提高了人力资源管理的科学性,还为企业的可持续发展提供了有力支持。通过大数据分析,企业能够更加精准地进行人才培养和发展规划,确保组织在激烈的市场竞争中保持领先地位。

二、人力资源分析与决策的智能化

（一）实时员工行为分析与调整

通过实时监控员工的工作表现，企业能够利用先进的数据分析工具识别出表现异常的员工。这不仅有助于及时进行干预和支持，还能在员工出现问题时迅速采取措施，从而减少可能对企业造成的负面影响。通过这种方式，企业可以更好地理解员工的工作状态，并在必要时提供适当的帮助和指导。

此外，行为分析技术使得管理者能够深入了解员工的工作习惯和偏好。这一信息对于制定个性化的激励措施和发展计划至关重要。通过了解员工的个人需求和动机，管理者可以设计出更具针对性的激励方案，从而提升员工的工作积极性和满意度。这种个性化的管理方式不仅能提高员工的工作效率，还能增强他们对企业的归属感和忠诚度。

数据分析的另一个重要应用是预测员工的工作态度变化，提前识别可能的离职风险。通过分析员工的行为数据，企业可以在员工表现出离职倾向之前采取相应的留才措施。这种预防性的管理方式能够有效降低员工流失率，为企业节省大量的招聘和培训成本，同时也有助于企业保持团队的稳定性和持续性发展。

团队协作数据的分析对于优化跨部门协作流程也具有重要意义。通过识别团队内部的沟通障碍，企业可以制定针对性的解决方案，提升整体工作效率。优化后的协作流程不仅能增强团队的凝聚力，还能促进创新和创造力的发挥。这种以数据为导向的管理方式能够帮助企业在竞争激烈的市场中保持领先地位。

最后，实时数据反馈机制鼓励员工参与自我评估和反馈，从而提升员工的责任感和参与感。通过这种机制，员工能够更好地了解自己的工作表现，并积极参与到工作改进中。这种自我驱动的反馈模式能够激发员工的内在动力，促进其职业发展和成长，同时为企业营造了一种积极向上的工作氛围，推动企业的可持续发展。

（二）智能辅助的决策优化

随着数字化技术的不断进步，智能决策支持系统通过数据分析提供实时洞察，帮助管理者做出更为精准的人员配置和资源分配决策。这些系统不仅能处理大量数据，还能通过复杂的算法得出有价值的见解，使管理者能够在瞬息万变的商业环境中保持竞争优势。通过对历史数据的分析,这些系统能够预测未来的趋势,从而为企业的战略规划提供科学依据。

利用机器学习算法,智能决策系统能够识别出影响员工绩效的关键因素,从而优化激励措施和培训计划。这种算法通过对员工行为、工作环境和绩效数据的综合分析,帮助企业识别出高效员工的特征,并据此制定个性化的激励和发展方案。这不仅提高了员工的满意度和忠诚度,也提升了整个组织的生产力和创新能力。同时,机器学习的自我学习能力使得系统在使用过程中不断优化和改进,确保决策的准确性和时效性。

智能辅助决策工具的另一个显著优势在于其能够分析市场趋势和员工行为,支持企业在招聘和人才管理上的战略规划。通过对内外部数据的整合分析,企业可以制定出更为科学的人才引进和保留策略。这种基于数据的决策方式,使企业能够在全球化竞争中更为敏捷地调整人力资源策略,确保人才资源的最佳配置和使用。此外,通过对市场趋势的把握,企业还可以及时调整其人力资源政策,以适应不断变化的外部环境。

通过数据可视化技术,管理者可以直观地了解员工绩效和团队协作情况,提升决策过程的透明度和效率。数据可视化不仅能够将复杂的数据转化为易于理解的图表和图形,还能帮助管理者快速识别问题和抓住机会。这种直观的呈现方式,使复杂的决策过程变得更加透明和高效,减少了信息传递中的误差和延迟。同时,数据可视化还促进了不同部门之间的沟通和协作,使企业能够在更高的层次上实现资源的整合和优化。

智能决策系统集成多种数据源,提供全面的分析报告,帮助企业在复杂环境中快速做出适应性决策。随着大数据技术的发展,企业可以从多个渠道获取数据,包括社交媒体、市场调查和内部管理系统。智能决策系统通过对这些数据的整合分析,为管理者提供全面、准确的决策支持。这种多源数据的集成,不仅提高了决策的科学性和可靠性,也使企业能够在复杂多变的市场环境中快速调整其战略和战术,以保持竞争优势。

三、人力资源组织结构的变化

(一)扁平化的组织结构设计

扁平化的组织结构设计通过减少传统的管理层级,使信息流动更加顺畅,提升了组织的决策速度和响应能力。在传统的层级制组织中,信息往往需要经过多个管理层级的传递,导致决策过程缓慢且容易出现信息失真。而扁平化的设计通过减少这些层级,使信息能够快速到达决策层,从而加快了组织对市场变化的反应速度,提高了整体的运营效率。

在扁平化的组织结构中,员工的自主性和责任感得到了显著增强。这种结构鼓励员工在工作中发挥更大的主动性,承担更多的责任,进而促进了创新和灵活性。传统的层级组织常常限制员工的创造力,因为决策权集中在高层管理者手中。而扁平化结构则打破了这种限制,使员工在日常工作中能够更多地参与到决策过程中。这种参与感不仅提升了员工的工作满意度,还激发了他们的创造力和创新能力,为组织带来了新的活力和竞争优势。

此外,扁平化的组织结构有助于跨部门的沟通与协作。由于减少了信息传递中的层级,扁平化结构能够有效地减少信息传递中的延误和误解。这种结构鼓励不同部门之间的直接沟通和协作,促进了信息的共享和团队的协同工作。通过这种方式,组织能够更好地整合资源,提高整体的协作效率,增强组织的适应性和竞争力。

在扁平化的组织中,团队成员能够更直接地参与决策过程,这不仅提升了工作满意度,还增强了团队的凝聚力。通过扁平化设计,员工有更多机会参与到组织的重大决策中,增强了他们对组织目标的认同感和责任感。这种参与感和责任感的提升,使员工更加投入于工作,进而提高了组织的整体绩效和竞争力。

扁平化设计使组织更能适应快速变化的市场环境,提高了整体运营效率。在当今快速变化的市场中,组织需要具备快速响应和调整的能力,以应对不断变化的外部环境。扁平化的组织结构通过简化管理流程,减少决策时间,使组织能够更灵活地调整策略和资源配置,从而在激烈的市场竞争中保持领先地位。

(二)跨职能团队的兴起

跨职能团队不仅改变了传统的人力资源管理模式,还为企业带来了全新的组织结构。其核心价值在于整合来自不同专业领域的知识和技能,为项目带来更强的创新能力和更高的解决问题效率。在快速变化的市场环境中,创新能力是企业保持竞争优势的关键,而跨职能团队正是实现这一目标的有效途径。

通过跨职能团队的协作,企业能够在市场变化时快速做出反应。这种团队模式增强了产品和服务的适应性,使企业能够及时调整战略,以满足不断变化的客户需求。跨职能团队的灵活性和多样性使其能够迅速识别并应对市场趋势和挑战,从而确保企业在竞争激烈的环境中保持领先地位。这种快速响应能力是数字化时代企业成功的关键因素之一。

信息透明共享是跨职能团队的另一大优势。通过这种团队结构,信息可以在不同部门之间无缝流动,减少了传统组织结构中常见的沟通障碍。这种信息共享不仅提高了整体工作的协调性,还使各部门能够更好地理解和支持彼此的目标和任务。这种协同效应在提高企业效率和推动组织变革方面发挥了重要作用。

跨职能团队的灵活性也使企业能够在项目需求变化时迅速调整资源配置和团队成员。这种灵活性使企业在面对不确定性和复杂性时,能够更有效地分配资源,优化团队结构,以取得最佳的项目成果。这种资源和团队的动态调整能力是企业在数字化转型过程中实现持续发展的重要保障。

最后,跨职能团队的建立有助于培养员工的多元化技能。通过在不同职能领域的合作,员工能够获得更广泛的知识和经验,从而提升个人职业发展。这不仅有利于员工的个人成长,也提升了团队的整体绩效。多元化技能的培养使员工能够在不同的项目和角色中灵活切换,进一步增强了企业的竞争力和创新能力。在数字化转型的背景下,跨职能团队已成为推动组织变革和提升绩效的关键力量。

(三)灵活的岗位与角色定义

数字化转型背景下,企业允许员工根据项目需求和个人技能动态地调整岗位。这种灵活性不仅提高了员工的工作适应性,还使企业能够更有效地应对不断变化的市场环境。传统岗位设置中,员工通常被限制在固定的职责范围内,而灵活的岗位定义打破了这一限制,使员工能够在不同的项目中发挥多样化的技能。这种动态调整机制不仅有助于个人职业发展的多样化,还使企业能够在资源配置上更加高效,从而提升整体竞争力。

角色定义的多样化使员工能够在跨职能团队中承担不同职责。通过在不同的团队中扮演多种角色,员工可以培养多元化的技能,这对于个人的职业发展和企业的创新能力都极为有利。在这种环境下,员工不仅能够获得更多的职业发展机会,还能够在团队中发挥更大的作用。多样化的角色定义促进了员工的全面发展,增强了团队的凝聚力和创新能力,进一步推动了企业的整体发展。

通过灵活的岗位与角色定义,企业能够快速响应市场变化,优化资源配置和团队组合。这种灵活性使企业在面对市场波动时,能够迅速调整内部结构,以最小的成本实现资源的重新配置。同时,灵活的岗位与角色定义还使企业在项目管理上更加高效,能够根据项目的具体需求,迅速组建最合适的团队。这不仅提高了企业的市场反应速度,也在很大程度上提升了项目的成功率和团队的工作效率,为企业在竞争激烈的市场中赢得了更多的机会。

在一个灵活的工作环境中,员工更容易感受到自身的价值和对团队的贡献,这种参与感和责任感的提升,直接转化为更高的工作效率和更强的创新能力。同时,灵活的角色定义使得员工在面对问题时,能够更加积极主动地寻求解决方案,提升了团队的整体问题解决能力,为企业的持续发展提供了有力支持。

此外,岗位与角色的灵活性还支持远程工作和弹性工作安排,满足员工对工作生活平衡的需求。在数字化转型的推动下,越来越多的企业开始采用远程工作和弹性工作时间,这种工作模式的灵活性不仅提高了员工的工作满意度,还在很大程度上提升了企业的吸引力和员工的忠诚度。通过灵活的岗位与角色定义,企业能够为员工提供更为灵活的工作安排,满足其在工作与生活之间的平衡需求,这对于吸引和留住优秀人才具有重要意义。

四、人力资源工作流程的优化

(一)人力资源流程自动化与智能化

自动化工具的引入有效减少了人力资源管理中的重复性任务,提升了工作效率并降低了人为错误的发生率。例如,通过自动化的招聘系统,企业可以大幅缩短招聘周期,减少手动筛选简历的时间。同时,自动化工具还能确保员工信息的准确性和一致性,避免因数据错误导致的管理问题。自动化为人力资源部门释放了更多时间,使其能够专注于战略性任务,如人才发展和组织文化建设。

智能化系统的应用为人力资源管理带来了更深层次的变革。通过数据分析,智能系统可以实时监控员工绩效,帮助管理者快速识别并解决潜在问题。例如,智能绩效管理系统能够分析员工的工作模式和产出,提供个性化的反馈和改进建议。这种实时的数据支持使管理决策更加精准,有助于提升整体组织绩效。此外,智能化系统还能够预测员工流失风险,帮助企业提前制定留才策略。

数字化平台的集成化设计促进了信息流动,打破了部门间的信息孤岛,提升了跨部门协作的效率。在传统的人力资源管理中,信息往往被局限在特定部门内,导致沟通不畅和效率低下。通过数字化平台,各部门可以共享人力资源信息,协同工作。例如,人力资源部门可以与财务部门实时共享员工薪酬数据,确保薪资发放的准确性和及时性。这种信息的无缝流动不仅提高了内部效率,还增强了企业的整体响应能力。

自动化流程还支持员工自助服务,使员工能够自主更新个人信息,如联系方式、银行账户等。这种自助服务不仅减轻了人力资源部门的负担,还提升了员工的参与感与满意度。员工可以随时获取与自身相关的信息,增强了对企业的归属感和信任度。这种以员工为中心的服务模式也反映了现代人力资源管理的一个重要趋势,即更加注重员工体验和满意度。

智能化人力资源管理系统能够根据实时数据调整招聘策略,确保企业在市场变化中保持竞争力。在快速变化的市场环境中,企业需要灵活调整其招聘策略以应对新的挑战。智能化系统能够分析市场趋势、竞争对手动向及内部人才需求,为企业提供数据驱动的招聘建议。这种动态调整能力使企业能够迅速响应市场变化,吸引和保留优秀人才,保持其在行业中的竞争优势。

(二)个性化职业管理方案

个性化职业管理方案旨在通过数据分析与员工反馈,为每位员工量身制定符合其个人需求的职业发展路径。该方案的核心在于充分利用企业内外部数据,结合员工的实际情况,提供精准的职业发展建议。通过对员工历史绩效、职业兴趣和技能水平的分析,企业能够为员工打造专属的职业发展计划,从而提升员工的工作满意度和忠诚度。这一过程不仅需要先进的数据分析技术,还基于企业对员工需求的深刻洞察。

该方案强调利用人工智能技术,自动识别员工的技能和兴趣,从而提供定制化的培训和发展机会。借助机器学习算法,企业能够在海量数据中精准发现员工的潜在能力和未来发展方向。这种技术手段不仅提高了人力资源管理的效率,还增强了员工在职业发展过程中的自主性。人工智能技术的引入使得培训资源的配置更加科学合理,员工可以根据自身的兴趣和职业目标选择最合适的培训课程,实现个人与企业的共同发展。

个性化职业管理方案鼓励员工参与自我评估,增强其对职业发展的掌控感和责任感。在数字化转型的背景下,员工不再是被动的接受者,而是职业发展的主动参与者。通过自我评估工具,员工可以更加清晰地了解自己的优势与不足,从而制定切实可行的职业发展计划。这种自我评估不仅提升了员工的自我认知能力,也促进了员工与企业之间的沟通与信任,形成良性互动关系。

方案中引入了灵活的工作安排,允许员工根据个人情况和项目需求调整工作时间与地点。数字化技术的应用使得远程办公和灵活工作模式成为可能,这不仅提高了员工的工作效率,也满足了员工对工作与生活平衡的追求。灵活的工作安排能够有效减少员工的工作压力,提高工作满意度,同时也为企业吸引更多优秀人才创造了条件。在全球化和信息化的时代,灵活性的工作安排已成为企业竞争力的重要组成部分。

通过持续的数据监测与分析,个性化职业管理方案能够实时调整员工发展计划,以适应快速变化的市场环境。在数字化转型的背景下,市场环境瞬息万变,企业需要具备快速响应的能力。通过对员工发展计划的实时监测,企业可以及时发现问题并进行调整,确保员工的发展方向与企业的战略目标保持一致。这种动态调整机制不仅提高了员工的适应能力,也增强了企业在市场中的竞争力。

(三)生命周期管理的整合与优化

在数字化转型中,企业通过对员工从入职到离职的各个阶段进行全面整合,实现了信息的无缝衔接。这种整合不仅确保了数据的及时更新和共享,还显著提高了管理效率。借助先进的管理系统,企业可以将员工的入职、发展、绩效评估和离职等环节紧密连接,形成一个完整的生命周期管理体系。这种体系的建立,使得各级管理人员能够快速获取所需信息,从而做出更为精准的决策。

数字化工具的应用使企业能够实时监控员工的职业发展路径,并根据市场需求及时调整培训和发展计划。这种监控不仅帮助企业识别员工的技能缺口,还能确保员工的技能与市场需求保持一致。在此基础下,企业可以更灵活地为员工提供个性化的培训和发展机会,提升员工的职业竞争力。通过对员工技能的精准把控,企业能够在激烈的市场竞争中保持领先地位,同时也为员工的长远发展提供了坚实保障。

整合生命周期管理还促进了员工与管理层之间的透明沟通。通过数字化平台,员工能够及时获得来自管理层的反馈和支持,这种透明的沟通机制极大地增强了员工的参与感和满意度。当员工在工作中遇到问题时,可以通过数字化工具快速与管理层沟通,获得及时的指导和帮助。这种高效的沟通方式,不仅提升了员工的工作体验,也为企业营造了一个开放、积极的工作环境,有助于构建和谐的劳动关系。

数字化转型使得企业能够建立全面的员工档案,详细记录员工在各个阶段的表现和发展。这些数据为企业的人力资源决策提供了可靠的依据。通过对员工历史数据的分析,企业可以识别出高潜力员工,并制定有针对性的职业发展计划。数据驱动的人力资源决策,不仅提高了决策的科学性和准确性,也帮助企业在人才管理上取得了更好的效果,从而增强了企业的整体竞争力。

生命周期管理的优化还包括对员工离职原因的深入分析。通过数字化工具,企业可以系统地收集和分析离职数据,识别出导致员工流失的主要因素。基于这些分析结果,企业能够制定出更为有效的留才策略,降低员工流失率,提升组织的稳定性。通过对离职原因的精准把握,企业可以在招聘、培训和员工关系管理上进行有针对性的改进,最终实现组织的可持续发展。

五、人力资源管理模式的创新

通过整合信息技术与传统管理方法,企业能够在保留人力资源管理本质的同时,提升其运营效率和员工满意度。这种混合服务模式不仅改变了人力资源管理的运作方式,还为企业在快速变化的商业环境中提供了更强的适应能力。

混合服务模式的核心在于引入自助服务平台,使员工能够自主处理常规事务,如请假申请、信息更新等。这种方式不仅减轻了人力资源部门的日常事务负担,还大幅提升了工作效率。员工在操作过程中获得更高的自主权,增强了其对企业流程的理解和参与感。此外,通过减少人为干预,降低了错误率,提高了数据处理的准确性,最终为企业节省了大量的人力和时间成本。

在混合服务模式下,跨部门协作与信息共享被置于重要位置。这种协作方式使人力资源管理能够更好地支持企业的业务目标,实现资源的优化配置。通过建立统一的信息平台,各部门能够实时共享信息,减少信息孤岛的出现。这种信息的无缝衔接不仅提高了组织的整体效率,还促进了各部门之间的协同工作,为企业创造了更大的价值。此外,信息共享还能够帮助企业更快速地响应市场变化,保持竞争优势。

数据分析与人工智能技术在混合服务模式中被广泛应用,以提供个性化的员工体验和精准的决策支持。通过对员工数据的深入分析,企业能够更好地理解员工需求和行为模式,从而提供更具针对性的培训和发展计划。同时,人工智能技术的应用使人力资源管理能够进行更为精准的预测和决策支持,帮助企业在人员配置、绩效评估等方面做出更明智的选择。这种基于数据驱动的管理方式,不仅提升了员工的满意度和忠诚度,也为企业的长远发展奠定了坚实基础。

第二章 人力资源规划在数字化转型中的应用

第一节 数字化转型中的人力资源战略规划

一、数字化人力资源战略规划的基本原则

(一)战略的一致性原则

数字化人力资源战略规划必须与企业的整体战略目标保持高度一致,以确保人力资源活动能够有效支持公司的长远发展。在进行数字化转型时,企业面临着新技术和新业务模式的双重挑战,因此,制定人力资源战略时,必须充分考虑这些因素。通过灵活调整人力资源配置,企业可以更好地适应这些变化,从而提高整体的竞争力。

此外,人力资源战略还需与企业文化深度契合,以增强员工的认同感和参与感,这不仅有助于激发员工的工作积极性,还可以提高企业的执行力,使企业在数字化转型过程中更具韧性和适应性。为了保持战略的一致性和有效性,企业必须定期评估和调整其人力资源战略,以应对快速变化的市场环境和技术进步,确保企业在数字化转型的浪潮中保持领先地位。

(二)灵活敏捷的人力资源配置

在数字化转型背景下,企业必须根据自身需求动态调整人力资源配置,确保关键岗位始终得到高效的人才支持。这不仅有助于企业在技术革新中保持竞争优势,还能够有效应对市场的变化。通过建立灵活的人力资源配置机制,企业可以在保持稳定运营的同时,迅速响应外部环境的变化,保障企业的长远发展。

建立跨部门协作机制是实现灵活人力资源配置的关键。通过促进不同业务单元之间的人力资源动态调配,企业能够在内部形成一个高效的协作网络。这种机制不仅提高了整体运营效率,还能够在资源紧缺时迅速调配所需的人力资源,确保各部门的顺畅运作。此外,跨部门协作还促进了知识和技能的共享,推动了企业内部的创新与发展。

数字化工具和数据分析的应用为人力资源配置决策提供了科学依据。通过实时监测员工的绩效和技能匹配情况,企业能够更精准地进行人力资源配置。数据分析不仅帮助企业识别高潜力人才,还能预测未来的人力资源需求,优化配置策略。这种数据驱动的决策模式,使企业能够在复杂的市场环境中保持敏捷性和竞争力。

实施灵活的工作模式是吸引和保留多样化人才的重要手段。远程办公和弹性工作时间让员工在工作与生活之间找到更好的平衡,提高了员工的满意度和生产力。这样的灵活性不仅满足了员工对工作环境的多样化需求,还使企业能够吸引更多具有不同背景和技能的人才。通过创造一个包容和灵活的工作环境,企业可以在激烈的人才市场中脱颖而出,确保持续的创新和发展。

(三)技术与人才相结合的创新导向

在数字化转型的浪潮中,技术的迅猛发展为企业带来了前所未有的机遇,同时也提出了新的挑战。为了应对这些变化,企业必须将技术创新与人才培养紧密结合。通过推动员工技能的提升,企业能够更好地适应数字化转型带来的各种挑战。这不仅包括对现有员工的技能再培训,也涉及新员工的培养,以确保他们具备适应未来工作的能力。通过这种方式,企业可以在瞬息万变的市场环境中保持竞争优势。

建立跨部门的创新团队是促进技术与人力资源深度融合的有效途径。这样的团队能够汇集来自不同部门的专业知识和技能,形成合力,激发员工的创造力和主动性。在这些团队中,技术专家和人力资源专业人员可以共同合作,探索新的解决方案,推动企业的创新进程。这种合作模式不仅有助于技术成果的转化,还能提升员工的参与感和责任感,从而增强企业的整体创新能力。

在数字化转型中,人工智能和大数据分析工具的运用是优化人才选拔和发展流程的重要手段。通过这些技术,企业可以更精准地识别和评估人才,从而提高人力资源管理的效率。这些工具能够帮助企业分析员工的技能和表现,预测其未来的职业发展路径,并制定个性化的培训计划。这种数据驱动的人力资源管理方法,不仅提高了决策的准确性,还能更好地满足企业和员工的需求。

企业文化中技术与人才并重的理念是吸引和留住具备数字化技能人才的关键。在企业文化中营造创新氛围,鼓励员工不断学习和进步,是企业可持续发展的重要保障。通过倡导技术与人才并重的理念,企业能够吸引那些具备数字化技能的人才,同时也能激励现有员工不断提升自己的能力。这种文化不仅促进了企业内部的技术进步,也为员工的职业发展提供了广阔的空间。

(四)持续学习与发展文化的培养

在数字化转型的背景下,企业需要建立以学习为导向的组织文化,鼓励员工主动寻求学习机会,以提升个人技能和知识水平。这不仅有助于员工个人的职业发展,也能增强企业在快速变化的市场环境中的竞争力。通过塑造积极的学习氛围,企业可以激发员工的求知欲,促进创新思维的形成,从而在数字化浪潮中占据有利地位。

为了确保员工能够紧跟时代步伐,企业需要实施定期的培训和发展计划。这些计划的设计应当考虑员工的实际需求和行业的发展趋势,确保员工掌握最新的数字化技术和行业动态。通过有针对性的培训,员工的适应能力将得到显著增强,能够更好地应对数字化转型带来的挑战。定期的培训不仅是知识的更新,更是企业文化的一部分,体现了企业对员工发展的重视和对未来变化的积极准备。

在线学习平台和资源的利用为员工提供了灵活的学习方式,这对于满足不同员工的学习需求和节奏尤为重要。数字化技术的应用使得学习资源的获取更加便利,员工可以根据个人时间安排进行学习,提升了学习的自主性和效率。企业应鼓励员工利用这些资源,不断提升自身能力,以适应数字化转型的要求。通过灵活的学习方式,企业能够更好地支持员工的职业发展,并促进整体组织能力的提升。

激励员工分享学习成果和经验是促进团队间知识交流与协作的重要手段。通过组织内部分享会和建立知识管理系统,企业可以营造开放的交流环境,鼓励员工之间做好知识共享。这不仅有助于提升团队的整体能力,也能增强组织的凝聚力和创新能力。知识的分享和传递是企业实现持续发展的关键,只有通过不断的交流与合作,企业才能在数字化转型中保持领先地位。

二、人力资源战略规划的数字化方法

(一)内部人员流动的数字化规划

在数字化转型的背景下,企业内部人员流动的规划已经迈入了一个新的阶段。内部人员流动的数字化规划不仅是提升组织灵活性和适应性的关键手段,也是优化人力资源配置的重要策略。通过利用数据分析工具,企业可以深入监测员工的技能和绩效表现,从而精准识别内部人才流动的最佳时机和路径。数据分析工具的应用能够提供更为科学的决策支持,帮助企业在合适的时间将合适的人才配置到最需要的岗位上,进而提高整体组织效能。

为了更好地支持内部人员流动的决策,企业需要建立一个全面的数字化人才档案系统。该系统应当能够实时更新员工的职业发展和培训经历,确保管理层能够随时获取最新的员工信息。这种数字化人才档案不仅可以帮助企业在内部人员流动过程中做出明智的决策,还能为员工提供清晰的职业发展路径,激励员工不断提升自身技能,以满足组织在数字化转型中不断变化的需求。

同时,企业可以通过在线平台发布内部岗位空缺信息,以促进员工的自荐和跨部门申请。这种做法不仅提升了内部流动的透明度,也增加了员工的参与积极性。通过让员工了解内部的职业机会,企业能够更好地激发员工的职业发展潜力,并在组织内部形成一种积极向上的流动文化。这种透明化和参与度的提升,有助于打破传统的部门壁垒,促进跨部门的协作与创新。

此外,实施智能推荐系统也是内部人员流动数字化规划的重要组成部分。智能推荐系统能够根据员工的能力和职业兴趣,为其推荐适合的内部岗位。这不仅优化了人才配置,还提高了流动效率。通过这种系统,员工可以更容易地找到适合自己的岗位,而企业也能以更低的成本和更高的效率实现人才的合理配置。智能推荐系统的应用,标志着企业在内部人员流动管理上迈向了一个更加智能化和个性化的时代。

(二)外部人员补充规划的智能化

近年来,随着技术的迅猛发展,企业在招聘过程中逐渐引入人工智能算法,以提升人才筛选的效率和精准度。通过自动分析候选人的简历与岗位要求的匹配度,企业能够迅速筛选出符合条件的候选人,从而大幅缩短招聘周期。这种智能化的筛选方法不仅提升了招聘效率,还有效减少了人为偏见的影响,确保了招聘过程的公平性和透明度。

为了进一步提升招聘的智能化水平,企业开始构建智能化招聘平台。该平台整合了多渠道的人才信息,并实时更新市场动态,使企业能够迅速识别潜在的优秀人才。这种平台不仅帮助企业在竞争激烈的人才市场中占据优势,还通过数据的整合与分析,提供了更为精准的人才匹配服务。智能化招聘平台的应用,使得企业在人才获取过程中更加主动和高效,同时也为后续的人才管理和发展奠定了坚实基础。

　　数据驱动的招聘决策是智能化外部人员补充规划的核心。企业通过分析历史招聘数据和市场趋势，能够优化招聘策略和资源配置。数据分析不仅可以揭示招聘过程中的潜在问题，还能为企业提供决策支持，帮助其在招聘过程中做出更为明智的选择。通过数据驱动的决策，企业能够在资源有限的情况下，最大化地提高招聘效果，从而在人才竞争中立于不败之地。

　　此外，虚拟现实技术的引入为面试和评估提供了全新的视角。通过虚拟现实技术，企业能够为候选人提供沉浸式的面试体验，使其在模拟的工作环境中展示自己的能力。这种技术不仅帮助企业更全面地了解候选人的综合能力和适应性，还为候选人提供了展示自我的新平台。虚拟现实技术的应用，不仅提升了招聘的互动性和体验感，也为企业在数字化转型中探索人力资源管理的新路径提供了可能。

(三)数字化退休解聘规划

　　随着企业人力资源管理的数字化进程加速，建立一个高效的数字化退休管理系统变得尤为重要。通过该系统，企业能够实时记录员工的退休信息和相关数据，确保信息的准确性和及时性。这不仅可以帮助企业更好地管理员工的退休流程，还能有效减少因信息不对称而导致的管理误差。此外，数字化管理系统的引入简化了传统的纸质流程，提高了工作效率，为企业节省了人力和时间成本。

　　在数字化退休解聘规划中，数据分析工具的应用为企业提供了更为精准的决策支持。通过分析员工的年龄、工作年限、岗位需求等多维度数据，企业可以预测员工的退休趋势。这种预测能力能够使企业提前制定人力资源调整计划，确保在人事变动时能迅速做出反应，降低因人员流失带来的风险。这种前瞻性的管理方式，不仅能帮助企业维持稳定的运营，还能使企业在市场竞争中保持灵活性和适应性。

　　智能化的退休咨询服务是数字化退休解聘规划的另一个重要组成部分。通过在线平台，企业可以为员工提供个性化的退休规划与建议。这种智能化服务不仅能提升员工的满意度，还能增强员工的参与感，促使他们积极参与到企业的数字化转型过程中。个性化的退休咨询服务还可以帮助员工更好地规划退休后的生活，减轻他们对未来的不确定性，提高员工的整体幸福感。

　　整合退休后的员工关系管理也是数字化退休解聘规划的关键。企业可以通过社交媒体和社区平台，与退休员工保持持续的联系和良好的沟通。这种持续的互动不仅能帮助企业维护与退休员工的关系，还能利用他们的经验和智慧，促进企业文化的传承和发展。通过建立一个良好的退休员工网络,企业还可以在必要时重新雇佣这些员工,充分利用他们的专业知识和经验,为企业的持续发展提供支持。

(四)数字化学习与员工组织文化规划

数字化学习不仅是技术的应用,更是企业文化变革的核心驱动力。通过建立数字化学习平台,企业可以为员工提供个性化的学习路径。这种个性化的学习不仅考虑员工的职业发展需求,还兼顾个人兴趣,确保学习资源的推荐更具针对性和有效性。通过这种方式,员工能够在适合自己的节奏下提升技能,为企业的整体发展贡献力量。

数字化学习平台的建立只是起点,推动知识共享机制则是深化学习效果的关键。通过在线社区和论坛,企业鼓励员工分享他们的学习经验和最佳实践。这不仅增强了团队的协作能力,也激发了创新的火花。知识共享让员工之间的界限更加模糊,大家在一个共同的目标下携手并进,形成了一种新型的组织文化。这种文化以协作为基础,以创新为导向,为企业在数字化时代的竞争中注入了新的活力。

为了确保数字化学习的效果,实时反馈和评估系统的实施显得尤为重要。通过数据分析工具,企业能够监测员工的学习进度和成效。这种实时的监控使企业可以及时调整学习内容和方式,确保学习效果的有效提升。实时反馈不仅让员工了解自己的学习状态,也为企业提供了宝贵的数据支持,帮助其优化培训资源的配置,提高整体的学习效率。

在数字化转型的背景下,培养以数据驱动的文化是企业发展的必然选择。通过鼓励员工使用数据分析工具进行自我评估与发展规划,企业不仅提升了员工的自我管理能力,还增强了他们的主动学习意识。这种文化的培养需要时间和耐心,但一旦形成,将极大地提高企业的应变能力和竞争优势。数据驱动的文化让每位员工都成为企业发展的推动者,为企业的持续成长提供了源源不断的动力。

三、数字化转型中的人力资源战略规划的风险管理

(一)数据隐私与安全风险管理

在数字化转型过程中,企业必须建立完善的数据隐私保护政策,明确员工个

人信息的收集、使用和存储规范,以确保合规性和透明度。这不仅涉及对法律法规的严格遵循,更关乎企业的声誉和员工的信任。通过制定详细的政策,企业可以在信息处理的每个阶段提供清晰的指引,避免不必要的法律纠纷和信任危机。

为了保障员工数据在传输和存储过程中的安全性,企业需采用先进的加密技术和访问控制措施。加密技术可以有效防止未经授权的访问,而访问控制措施则确保只有经过授权的人员才能接触敏感信息。两者的结合使用可以大大降低数据泄露和滥用的风险。此外,企业应根据技术的发展不断更新其安全措施,以应对日益复杂的网络安全威胁。

定期进行数据安全审计和风险评估是提升数据保护有效性的关键步骤。通过审计,企业可以及时发现和修复潜在的安全漏洞,确保信息系统的安全性和稳定性。风险评估则帮助企业识别可能的威胁和薄弱环节,从而采取针对性的防护措施。这种主动的风险管理策略不仅能降低安全事件发生的概率,还能提升企业在应对突发事件时的反应能力。

员工的数据隐私和安全培训是提高其对数据保护重要性认识的重要途径。通过定期的培训,员工可以了解最新的安全政策和技术,增强其在日常工作中的安全意识。此外,培训还能帮助员工掌握基本的数据保护技能,减少因人为疏忽导致的数据安全事件的发生。企业应将培训作为风险管理的一部分,形成全员参与的数据安全氛围。

建立应急响应机制是确保在发生数据安全事件时能够迅速、有效地应对和修复的关键。企业需要制定详细的数据泄露事件处理流程,明确各部门的职责和应对步骤,以便在事件发生时能够迅速采取行动。这不仅能减少事件对企业运营的影响,还能保护员工和客户的利益。通过不断完善应急响应机制,企业可以在快速变化的数字化环境中保持竞争力和安全性。

(二)技术依赖与系统稳定性风险

随着企业对技术的依赖程度不断加深,评估技术依赖对人力资源管理流程的影响变得至关重要。确保关键系统的稳定性与可用性是避免因技术故障导致人力资源运作中断的关键。技术故障可能导致数据丢失、系统停机,进而影响企业的正常运作。因此,企业需要严格评估技术依赖带来的风险,并通过建立稳健的技术框架来保障系统的稳定性。

为了应对技术依赖带来的挑战,企业必须建立多层次的技术支持体系。该体系可以帮助企业在面对系统故障或技术问题时迅速做出反应,确保人力资源管理活动的连续性和有效性。通过设置不同层级的技术支持,不仅可以快速解决问题,还能在一定程度上预防问题的发生。此外,企业在系统设计阶段就应考虑到潜在的技术风险,确保系统架构的灵活性和可扩展性。

定期进行系统性能评估是识别潜在技术瓶颈和风险点的重要手段。通过这样的评估,企业可以及时发现并解决系统中的隐患,进行必要的系统升级和维护,以提升整体稳定性。这种前瞻性的策略不仅能提高系统的可靠性,还能为企业在数字化转型过程中提供更强的技术支持。同时,系统性能评估也为企业提供了一次了解技术需求变化的机会,从而更好地进行未来的技术规划。

制定应急预案是应对技术依赖带来的潜在风险的有效策略。通过详细的应急计划,企业可以在系统崩溃或数据丢失时迅速恢复人力资源管理功能,降低因技术故障带来的损失。应急预案应包括数据备份、系统恢复步骤及员工的应急响应培训等内容,以确保在突发事件发生时,企业能够迅速恢复正常运作,保持业务连续性。

最后,培养员工对技术工具的适应能力也是降低技术依赖风险的重要环节。通过提供必要的培训和支持,企业可以帮助员工更好地掌握和使用新技术,降低因技术依赖带来的操作风险和效率损失。员工的技术适应能力不仅影响到个人的工作效率,还对整体人力资源管理流程的顺畅运行产生深远影响。因此,企业在推动数字化转型的过程中,应高度重视员工的技术培训。

(三)变革管理与组织适应性风险

在数字化转型过程中,变革管理的核心在于确保组织内部信息的透明流通,而这需要有效的沟通策略。通过建立清晰的信息传递渠道,可以减少员工在变革过程中的不安和抵触情绪。沟通策略不仅要关注信息的传递速度和准确性,还需重视不同层级员工的理解和反馈,以确保变革信息在整个组织内的有效传达。

为了更好地支持变革过程,建立变革支持团队至关重要。这些团队由不同职能部门的代表组成,提供多层次的支持与指导,帮助员工适应新技术和新流程。变革支持团队的职责不仅限于技术指导,还包括心理支持,帮助员工克服对未知的恐惧和不确定性。通过提供持续的培训和发展机会,变革支持团队能够提高员工对新技术的熟悉度和信心,进而促进组织的整体适应性。

实施渐进式变革是降低员工适应压力和抵抗力的有效策略。通过分阶段推行新政策和技术,组织可以在每个阶段进行评估和调整,以确保变革的平稳进行。

渐进式变革允许员工有足够的时间来适应新的工作方式,减少了因突然变化而产生的焦虑和抵触情绪。同时,逐步实施的策略也使组织能够在每个阶段收集反馈,及时识别和解决潜在问题。

评估组织文化对变革的影响是确保变革成功的关键步骤。组织文化与变革目标的一致性能够促进员工的积极参与和支持。文化评估需要识别组织中可能阻碍变革的文化因素,并采取措施加以调整。通过文化评估,组织可以制定更具针对性的变革策略,确保文化与变革目标的协调一致,从而提高变革的成功率。

制定反馈机制是提升组织适应性的关键。通过及时收集员工对变革过程的意见和建议,管理层可以调整策略,以更好地满足员工的需求和期望。反馈机制不仅有助于识别变革过程中的问题和挑战,还能增强员工的参与感和归属感。通过积极倾听员工的声音,组织可以在变革过程中保持灵活性和适应性,提高整体变革管理的有效性。

四、数字化背景下的人力资源战略调整与优化

(一)数字化背景下的人力资源战略调整

在数字化背景下,企业需要重新定义人力资源的角色与职能,使其从传统的支持部门转变为企业战略的核心推动力。这种转变要求人力资源部门能够更具战略性地参与到企业的创新和变革中,通过识别和培养核心人才,推动组织的持续发展。随着数字化转型的推进,人力资源管理需要从传统的事务性角色转变为战略合作伙伴,为企业提供前瞻性的战略支持和建议。

数字化转型的需求促使企业重新审视人力资源的职能。企业需要通过数据驱动的方式进行人力资源决策,以提升管理的科学性和有效性。数据分析工具的应用可以帮助企业在员工绩效评估、技能需求分析及市场趋势预测等方面做出更为精准的判断。这种基于数据的决策方式,不仅提高了人力资源管理的效率,也为企业在快速变化的市场环境中保持竞争优势提供了有力支持。

在数字化时代,企业必须注重跨界人才的引入与培养。通过吸纳多元化背景的人才,企业可以增强团队的创新能力和适应性。这种多样化的人才结构能够为企业带来不同的视角和思维方式,从而推动产品和服务的创新,满足数字化环境下的多样化需求。企业需要建立灵活的招聘和培训机制,确保能够快速响应市场

变化,吸引并留住具有潜力的跨界人才。

优化员工体验与参与度是数字化背景下人力资源战略调整的重要内容。企业可以通过数字化工具提升员工的互动与反馈机制,增强员工对企业文化的认同感和归属感。数字化工具的应用可以使员工更便捷地参与到企业的各项活动中,促进企业内部的协作与创新。这种以员工为中心的管理方式,不仅有助于提升员工的满意度和忠诚度,也为企业创造了更加积极和创新的工作环境。

(二)数字化背景下的人力资源战略优化

在数字化背景下,通过引入先进的技术手段,企业可以更有效地进行人力资源管理。首先,优化人才评估体系至关重要。通过引入基于人工智能的评估工具,企业可以提升人才选拔的精准度与效率。这些工具能够分析大量的数据,从而识别出最符合岗位需求的候选人,确保每位员工的技能与岗位高度匹配。这种技术驱动的评估方法,不仅提高了招聘效率,还大大降低了人为偏见的影响,促进了公平、公正的选拔。

为了进一步增强企业的凝聚力,加强员工的参与感与归属感也是战略优化的重要组成部分。利用数字化平台,企业可以实时收集员工的反馈。这种实时互动不仅使员工感受到被重视,也为企业提供了宝贵的改进建议。通过对这些反馈的分析,企业可以及时调整人力资源政策,确保其与员工的期望和需求相符。这种动态的调整机制,不仅有助于提升员工的满意度,还能促进员工对企业目标的认同与支持,从而提高整体的工作效率和企业的竞争力。

在快速变化的市场环境中,推动多样化的职业发展路径是保持员工积极性的重要手段。结合丰富的数字化学习资源,企业可以为员工提供个性化的职业发展建议。这些建议基于员工的个人兴趣、技能水平及市场需求,帮助员工在职业生涯中做出更明智的选择。通过这种方式,员工不仅能够在现有岗位上不断提升自身能力,还能在企业内部获得更多的发展机会,从而在快速变化的市场中持续成长,保持对工作的热情与动力。

建立灵活的绩效管理机制,通过实时数据分析工具,企业可以动态调整绩效指标,确保绩效评估与企业战略目标的高度一致性。这种灵活的管理机制使得企业可以根据市场变化和企业发展需要,及时调整绩效考核标准,确保员工的努力方向与企业的长远目标保持一致。这不仅提高了员工的工作积极性,也为企业的战略实施提供了有力保障,助力企业在数字化转型中取得更大的成功。

第二节　人力资源预测的数字化转型

一、人力资源需求预测的数字化转型

(一)基于大数据分析的人力资源需求预测

利用大数据分析工具,企业能够实时监测市场需求的变化,从而预测未来的人力资源需求。这种实时监测使企业能够及时调整招聘和培训策略,以应对动态的市场环境。大数据的应用不仅提高了预测的准确性,还增强了企业在人力资源管理中的灵活性和应变能力。

通过分析员工的历史绩效数据和职业发展路径,企业可以识别出关键岗位的人才缺口。这种分析方法使企业能够实现精准的人力资源配置,确保在关键岗位上拥有足够的高素质人才。同时,历史绩效数据和职业发展路径的分析不仅帮助企业预测未来的人才需求,还为员工提供了清晰的职业发展规划,从而提高员工的工作满意度和留任率。

结合行业趋势和竞争对手的人力资源动态,企业可以利用数据分析工具评估市场人才供需状况。这种评估有助于优化招聘计划和预算分配,确保企业在人才竞争中处于优势地位。通过对行业趋势的深入分析,企业可以更好地理解市场的人才流动规律,从而制定更为有效的招聘策略,提升企业的整体竞争力。

利用社交媒体和在线招聘平台的数据,企业能够进一步分析潜在候选人的行为模式和职业偏好。这种分析提高了招聘的针对性和有效性,使企业能够更精准地定位和吸引合适的人才。通过对社交媒体数据的挖掘,企业可以获取更多关于候选人的信息,从而在招聘过程中做出更明智的决策,提升招聘的成功率。

实施数据可视化工具,将人力资源需求预测结果以图形化方式呈现,能够帮助管理层迅速理解数据背后的趋势和决策依据。数据可视化不仅提高了信息传递的效率,还增强了管理层对数据的洞察力,使决策过程更加科学和合理。这种图形化的展示方式,使复杂的数据更加直观和易于理解,从而支持企业在数字化转型中的战略决策。

(二)人工智能在需求预测中的应用

人工智能的应用不仅能够提升预测的准确性,还能使人力资源管理更加高效和敏捷。通过分析企业以往的历史数据,人工智能算法能够识别员工流动的趋势,为企业提供未来人力资源需求变化的准确预测。这种数据驱动的方法有助于企业提前做好人力资源规划,降低人力成本,提高组织的整体效率。

自然语言处理技术的进步使得分析招聘市场的在线信息成为可能。通过对海量数据的实时分析,企业可以快速调整招聘策略,以适应不断变化的市场需求。这种动态调整能力不仅使企业能够在激烈的市场竞争中保持优势,还能确保招聘策略的精准性和有效性,最大化地利用市场资源,获取优质人才。

机器学习模型的应用进一步增强了人力资源需求预测的精确性。通过结合行业特征和企业的发展计划,机器学习能够生成详尽的人力资源需求预测报告。这些报告为企业的战略决策提供了坚实的数据支持,使人力资源规划更加科学化、系统化。企业可以根据这些预测报告,合理配置人力资源,确保在业务扩展中实现人力资源的供需平衡。

人工智能技术还可用于人才画像的构建,帮助企业分析潜在候选人的技能和经验。通过详细的画像分析,企业能够优化招聘目标和策略,确保招聘到最符合企业需求的人才。这种精准匹配不仅提高了招聘效率,还能为企业的人才库建设提供长远支持,助力企业在数字化浪潮中实现可持续发展。

智能化预测系统的实施使企业能够实时监控关键绩效指标,并动态调整人力资源配置,以应对市场变化。通过这些系统,企业可以在变化多端的市场环境中保持灵活性和敏捷性。实时的数据监控和反馈机制使企业能够快速响应市场变化,优化人力资源配置,提升组织的整体绩效和竞争力。

(三)人力资源需求动态调整与实时响应机制

为了应对快速变化的市场环境,企业必须建立实时数据监控系统。这一系统能够及时捕捉市场需求的变化,确保人力资源配置能够迅速响应外部环境的变化。通过对市场数据的实时分析,企业可以更准确地预测人力资源需求,从而在激烈的市场竞争中保持灵活性和竞争优势。实时数据监控不仅提升了企业对环境变化的敏感度,还为人力资源战略的制定提供了坚实的数据基础。

实施动态人力资源调整机制是实现人力资源需求动态调整的重要手段。企业可以依据实时数据分析结果,灵活调整员工的岗位和职责,以适应企业战略目标的变化。这种机制不仅能够提高员工的工作效率,还能够增强企业在市场中的适应能力。通过合理配置人力资源,企业可以更好地实现战略目标,同时也为员工提供了更多的发展机会和职业成长空间。这种动态调整机制在数字化转型中发挥着关键作用,帮助企业更好地应对不断变化的市场环境。

智能化工具的应用是人力资源预测数字化转型的核心。通过结合实时数据和市场趋势,企业可以优化招聘和培训计划,确保人才储备的及时性和有效性。智能化工具能够提供精准的数据分析和预测,帮助企业识别未来的人才需求,并制定相应的人才发展策略。这不仅提高了招聘和培训的效率,还确保了企业在需要时能够迅速获得所需的人才资源。智能化工具的应用使得人力资源管理更加科学化和精细化,为企业的长远发展奠定了坚实基础。

跨部门协作平台的建立促进了信息共享与沟通,确保各业务单元在人员需求变化时能够迅速响应和协调。通过这样的平台,企业内部的信息流动更加顺畅,各部门之间的协作更加高效。这种协作机制不仅提升了企业的整体运营效率,还增强了企业应对市场变化的能力。跨部门的协同工作使得企业能够在资源有限的情况下,实现效益的最大化和资源的最优配置。

定期评估和更新人力资源策略是确保人力资源管理与企业发展战略保持一致的关键。通过结合实时反馈机制,企业能够及时调整人力资源策略,以适应外部环境的变化。这种评估和更新机制不仅提高了企业的运营效率,还增强了企业的战略执行能力。通过不断优化人力资源策略,企业能够在数字化转型的浪潮中保持竞争力,实现可持续发展。

二、人力资源供给预测的数字化转型

(一)基于数据驱动的人才供给智能匹配

通过先进的数据分析工具,企业能够实时评估市场上的人才供给状况,精准识别当前及未来可能出现的人才短缺领域。这种实时数据分析不仅有助于企业优化招聘策略,还可以帮助企业在激烈的市场竞争中占据优势地位。通过对数据的深度挖掘,企业能够更精准地把握市场动态,从而灵活调整招聘计划,满足不断变化的业务需求。

利用机器学习模型分析候选人的技能和经验,实现岗位需求的智能匹配,可显著提高招聘效率和精准度。机器学习模型通过对大量历史招聘数据的学习,能够自动识别出与企业岗位需求最匹配的候选人。这种技术的应用不仅加快了招聘过程,还降低了人为判断的偏差,确保企业能够在最短的时间内找到最合适的人才。这种智能化的匹配方式在很大程度上提升了招聘成功率,同时为企业节省了大量人力和时间成本。

构建智能化的人才库是提升人才供给灵活性与响应速度的关键。通过整合多渠道的人才信息,企业可以实时更新候选人的状态,保持对人才市场的敏锐洞察。智能化的人才库不仅是一个信息存储的工具,更是一个动态的管理系统,支持企业根据市场变化快速调整人才策略。这种灵活性使企业能够在面对突发人才需求时迅速做出反应,确保业务的连续性和稳定性。

通过监测在职员工的技能发展情况,企业可以制定具有针对性的培训计划,确保员工技能与企业战略目标保持一致。这种数据驱动的绩效分析不仅帮助企业识别高潜力人才,还可以促进员工的职业发展,增强员工的忠诚度和满意度。通过这种方式,企业能够建立一个持续发展的内部人才供应链,为未来的发展提供坚实的人才基础。

(二)机器学习技术在人力资源供给预测中的应用

通过对大量历史招聘数据的分析,机器学习能够识别出最符合企业需求的技能和经验组合,从而优化人才供给预测的准确性。这种方法不仅提高了预测精度,还帮助企业更好地匹配其人力资源需求与市场供给之间的差距。机器学习的应用不仅限于数据分析,它还帮助企业识别潜在的技能缺口,并通过数据驱动的方式进行战略性的人才储备。

利用机器学习算法,企业能够实时监测市场变化,动态调整人才供给策略,以适应快速变化的行业需求。这种灵活性在当今高度竞争的商业环境中尤为重要。通过机器学习,企业可以从海量的市场数据中提取有价值的信息,预测未来人才需求趋势,并据此调整招聘策略。这一过程不仅提高了企业对市场变化的响应速度,还增强了企业在人才市场中的竞争力。通过不断迭代优化,机器学习算法能够帮助企业在人才供给预测中保持领先地位。

机器学习技术还能够对候选人进行深度分析,评估其潜在的职业发展路径,帮助企业提前识别和培养未来的人才。通过对候选人背景、技能和职业轨迹的全面分析,企业可以更好地理解候选人的潜力,并制定相应的培养计划。这种深度分析不仅有助于提高人才选拔质量,还为员工的职业发展提供了个性化指导。通过这种方式,企业能够在激烈的人才争夺战中占据优势,确保未来的人才储备充足且具备发展潜力。

通过构建基于机器学习的人才供给模型,企业能够实现自动化的人才推荐系统,从而提高招聘流程的效率和精准度。此类系统能够根据企业的特定需求,自动筛选和推荐最合适的候选人,减少人工干预,提高招聘速度和准确性。机器学习模型的应用不仅优化了招聘环节的每一个步骤,还通过数据驱动的决策支持,帮助企业做出更明智的招聘选择。这种技术的应用标志着人力资源管理进入了一个更加智能化和高效化的新时代。

(三)人力资源供给的动态建模与实时更新

在数字化转型的背景下,企业需要建立动态建模框架,通过实时数据分析持续更新人才供给的相关指标。这一过程不仅能够反映出市场变化和企业需求的动态特征,还能为企业在快速变化的商业环境中提供更精准的人才配置支持。动态建模框架的核心在于其灵活性和适应性,能够根据实时数据调整预测模型,确保企业在人力资源管理上的前瞻性和敏捷性。

智能算法的应用为人力资源供给的预测建模提供了强有力的技术支撑。通过结合历史数据与当前市场趋势,智能算法可以有效提升预测的准确性和响应速度。这种算法不仅能够识别市场供需之间的微妙变化,还可以预测未来可能出现的人才短缺或过剩情况,从而帮助企业提前做好应对准备。智能算法的自我学习和优化能力,使得预测模型能够随着数据的积累而不断完善。

整合多元化的数据源是实现人力资源供给实时更新的基础。通过从社交媒体、招聘平台和行业报告等多渠道的数据收集,企业可以构建一个全面的人才供给数据库。这一数据库不仅支持实时更新,还能够实现精准的人才匹配。在数字化时代,数据的多样性和及时性是企业决策的重要依据,全面的数据整合使得企业能够在人才供给方面做出更为明智的决策,支持企业的长期发展战略。

反馈机制的实施是确保人力资源供给模型有效性的重要步骤。通过定期评估模型的表现,企业可以根据战略需求和市场变化进行调整。这种反馈机制不仅提高了模型的准确性,还增强了企业在人力资源管理上的灵活性和适应性。通过不断的评估和调整,企业能够在快速变化的市场环境中保持竞争优势,确保其人力资源供给能够满足未来发展的需求。这种动态调整能力是企业在数字化转型过程中成功的关键因素之一。

(四)云平台在供给信息管理中的关键作用

云平台通过提供集中化的人才信息管理,确保企业能够实时获取和更新人才供给数据。这种集中化管理提高了信息的准确性和可用性,使企业在面对快速变化的市场环境时,能够基于最新的数据做出及时的决策。云平台的这种能力不仅降低了信息滞后的风险,还为企业的人力资源管理提供了更为坚实的基础,确保企业在人才市场中的竞争优势。

云平台的智能化分析工具为企业识别人才供给的变化趋势提供了强有力的支持。借助这些工具,企业可以快速分析大量数据,识别出人才需求的变化模式,从而优化其招聘策略和资源配置。通过这种方式,企业能够更好地适应市场的动态变化,增强市场适应性。这种智能分析不仅提升了企业的应变能力,也为企业的人力资源管理提供了更加科学的指导,帮助企业在激烈的市场竞争中保持领先地位。

此外,云平台支持多渠道的数据整合,使企业能够从不同来源获取人才信息。这种整合能力实现了全面的人才供给视图,提升了决策的科学性。通过整合内部和外部的数据来源,企业能够更全面地了解人才市场的供需状况,从而制定出更加精准的人力资源策略。这种多渠道的数据整合不仅加强了信息的全面性,也为企业的人才管理提供了更为多样化的视角。

云平台的灵活性与可扩展性使企业能够根据市场变化快速调整供给信息管理策略。企业可以通过云平台的动态调整功能,保持人力资源供给的动态适应能力。这种灵活性意味着企业在面对市场环境变化时,能够迅速调整其人力资源策略,以应对新的挑战和机遇。云平台的这种特性为企业提供了在不确定性中保持稳定发展的可能性,使其在人力资源管理的数字化转型过程中,能够更好地适应快速变化的市场需求。

三、人力资源数字化预测模型的构建

(一)数据输入

人力资源数字化预测模型通过对员工绩效数据的深入分析,可以识别出组织内关键岗位的人才需求和流动趋势。这不仅有助于人力资源管理者提前规划人才储备,还能在动态的市场环境中保持竞争优势。绩效数据的准确性和及时性直接影响预测模型的有效性,因此企业需要建立可靠的数据收集机制,确保信息的全面性和准确性。

此外,整合市场行业动态数据对于人力资源数字化预测模型同样至关重要。外部环境的变化对企业的人力资源需求有着直接的影响。通过对市场数据的整合分析,企业可以获得对行业趋势和竞争环境的深刻洞察,从而支持人力资源需求的动态调整。这种数据整合不仅包括对宏观经济指标的监测,还涉及对特定行业变化的关注,以便及时响应市场变化,调整人力资源策略。

员工技能与职业发展路径的数据记录也是预测模型中不可或缺的输入部分。通过对员工技能和职业发展路径的系统记录,企业能够确保对人才供给的精准匹配。这种数据记录有助于优化招聘流程,确保招聘到符合企业发展需求的人才。同时,它还支持员工的职业发展规划,提高员工的满意度和忠诚度。通过对员工技能的持续跟踪,企业可以更有效地制定培训计划,提升整体组织能力。

最后,社交媒体和在线招聘平台的数据挖掘为人力资源数字化预测模型提供了丰富的数据来源。通过分析候选人的行为模式和职业偏好,企业可以优化招聘策略,提高招聘效率。这些数据不仅帮助企业了解候选人的兴趣和动机,还能揭示出潜在的人才市场趋势。通过对这些数据的智能分析,企业可以在激烈的人才竞争中占据先机,吸引和留住优秀人才。数据挖掘技术的应用将进一步提升人力资源管理的科学性和前瞻性。

(二)多层次算法集成与优化

在人力资源数字化预测模型中,多层次算法集成框架的设计目标是实现不同算法之间的协同作用,以此提升模型的整体性能与准确性。通过整合多种算法,模型能够更好地捕捉数据中的复杂模式和趋势,进而提供更精确的预测结果。这种集成策略不仅充分发挥了各个算法的优势,还能通过相互补充的方式,有效克服单一算法的局限性,打造出更为强大的预测工具。

此外,引入集成学习方法是提升人力资源预测模型稳定性的重要手段。集成学习通过组合多种预测算法,能够有效减少单一模型的偏差,增强预测的可靠性。在人力资源需求和供给预测中,集成学习方法提供了一种灵活的解决方案,使模型能够在复杂多变的环境中保持较高的预测准确性。通过对不同算法的组合优化,集成学习不仅提高了模型的预测性能,也为人力资源管理提供了更为稳健的决策支持。

优化算法参数的调优过程是确保模型适应性和泛化能力的关键。利用相关技术,能够在不同的数据集上对模型进行全面测试和调整,从而提升其适应性。这些技术通过评估不同参数组合的效果,帮助选择最优参数设置,以增强模型的泛化能力和预测精度。这一过程确保了模型在面对不同数据集时,能够保持稳定的性能,进而为企业的人力资源管理提供持续、可靠的支持。

为保障模型的持续优化与改进,构建反馈机制是必不可少的。通过定期评估模型的预测效果,企业可根据实际结果调整算法组合和参数设置。这一反馈机制不仅帮助识别模型的不足之处,还为模型的持续优化提供了有力依据。通过不断的调整和改进,企业能够确保模型始终保持高效性和准确性,从而在数字化转型中获得更大的竞争优势。这种动态调整的方式,使人力资源预测模型能够不断适应外部环境的变化,保持其预测能力的领先地位。

(三)模型测试与校准

在数字化转型的浪潮下,人力资源管理正经历着前所未有的变革与挑战。人力资源数字化预测模型的测试与校准机制是确保其模型在实际应用中发挥最大效用的关键环节。其中,建立标准化的测试流程是核心环节。通过制定明确的测试标准和步骤,可以确保模型在不同应用场景下的一致性和可靠性,从而为验证模型准确性提供有力支持,后续优化积累基础数据。标准化的测试流程能够有效减少人为误差,提升模型的信任度和可操作性,从而为企业在数字化转型中的人力资源管理筑牢根基。

为了保持人力资源数字化预测模型的高效性,定期进行模型性能评估至关重要。通过对比实际结果与预测结果,能够识别出模型在不同环境下的偏差和改进空间。这种评估不仅能发现模型的不足之处,还能为模型的改进提供方向和依据。持续的性能评估使企业能够及时调整模型策略,确保其始终符合组织目标和市场需求。这种动态的评估机制为企业在快速变化的商业环境中提供了灵活应对的能力,确保人力资源管理策略的前瞻性和有效性。

在快速变化的市场环境中,实施动态校准机制是提升人力资源数字化预测模型准确性和适应性的关键。通过实时数据反馈,及时调整模型参数和算法,可以有效应对市场波动和组织内部的变化。这种动态校准机制不仅能够提高模型的预测准确性,还能增强其在不同情境下的适应能力。通过不断校准和优化,模型能够更好地服务于企业的战略决策,帮助企业在人力资源管理中实现更高的效率和竞争力。

此外,利用多样化的测试数据集是确保模型在不同条件下泛化能力的重要手段。多样化的数据集能够帮助模型在面对不同的业务场景和数据特征时保持稳定的表现,有效避免过拟合(过拟合是指为了得到一致假设而使假设变得过度严格)现象的发生。通过在不同条件下测试模型,可以验证其在多样化环境中的适用性和稳健性。通过多样化测试,企业能够确保其人力资源数字化预测模型在各种复杂环境中都能提供可靠的决策支持。

(四)模型可视化及其决策支持

人力资源数字化预测模型的可视化及其决策支持功能,为管理层提供了一种直观且高效的方式,用于理解复杂的数据分析结果。借助图表、仪表盘等可视化工具,管理层可以迅速掌握人力资源需求和供给的动态变化。这种可视化呈现方式不仅提高了信息的可读性,还为管理层在制定战略决策时提供了有力的支持。尤其是在面对庞杂的数据时,直观的图形化展示能够简化信息传递过程,使管理层能够更快速地做出反应。

可视化模型的一个显著优势在于其支持实时数据更新的能力。在当今快速变化的市场环境中,企业需要灵活调整其人力资源策略以应对外部环境的变化。通过实时更新的数据,企业可以确保其决策的及时性和准确性,从而在竞争中保持优势。实时数据的可视化不仅提高了决策的效率,还增强了对市场趋势的敏感度,帮助企业在变化中抓住机遇,规避风险。

通过可视化技术,企业能够直观地展示各类人力资源指标的趋势和关联性。这种展示方式不仅有助于管理层理解数据背后的故事,还促进了跨部门的协作与沟通。不同部门可以通过可视化工具共享信息,形成统一的认识,提高整体组织的决策效率。这种协同效应在复杂的组织环境中尤为重要,因为它能够打破信息孤岛,增强组织的整体协调能力。

决策支持功能结合可视化模型,为管理层提供了基于数据的洞察和建议。这种功能帮助识别潜在的人力资源风险和机会,增强战略规划的科学性。通过深入的数据分析,管理层可以获得更全面的视角,从而制定出更具前瞻性和可行性的战略方案。这样的决策支持不仅提升了企业的竞争力,还为其长远发展奠定了坚实基础。

四、数字化工具在员工流动性预测中的应用

(一)人工智能在员工流动性预测中的应用

在数字化转型的背景下,人工智能技术为企业提供了强大的工具,用于深入分析员工的历史流动数据,识别员工流动的模式和趋势。这种分析不仅能为企业提供员工流动的全面历史视角,还能帮助预测未来的流动性,从而为企业的战略

决策提供数据支持。借助人工智能,人力资源管理从传统的经验驱动转向数据驱动的科学决策模式,大大提高了预测的准确性和效率。

自然语言处理技术的应用为企业分析员工反馈和满意度调查开辟了新途径。通过从大量的文本数据中提取有价值的信息,自然语言处理技术能够识别出潜在的离职风险因素,使企业可以在问题发生之前就采取适当的干预措施。这种技术帮助企业理解员工的真实想法和情感,从而降低员工流失率,提升员工的工作满意度和忠诚度,推动企业的长期发展。

构建智能化的员工流动性预测模型是企业在数字化转型中的一项关键任务。通过结合实时数据监控,这些模型能够动态调整人力资源配置,以应对员工流动性的变化。实时数据的引入使预测模型能够及时反映员工流动的最新动态,确保企业在人员配置上的灵活性和适应性。这种智能化的预测模型不仅提升了企业对员工流动的反应速度,还增强了企业在市场竞争中的应变能力。

机器学习技术的应用为企业优化人才保留策略提供了新思路。机器学习能够处理复杂的多维数据集,识别影响员工流动的各种因素,并预测可能的流失情况。通过技术,企业能够制定更为精准和有效的人才保留策略,提升员工的归属感和满意度。优化人才保留策略不仅能够减少因员工流失带来的损失,还能增强企业的竞争优势,确保企业在激烈的市场竞争中立于不败之地。

(二)基于数据分析的员工离职趋势识别

在数字化转型的背景下,企业愈发依赖数据分析来识别员工离职趋势。通过对员工离职趋势的分析,企业可以识别潜在的离职风险因素,如工作满意度、薪酬水平和职业发展机会等。这些因素的识别不仅有助于企业提前采取干预措施,还能有效降低员工流失率。数据分析不仅提供了对员工当前状态的洞察,还能预测未来的变化趋势,使企业能够在员工离职意向尚未明确时就采取行动。

借助员工历史流动数据,企业可以分析不同部门和岗位的离职率,精准定位高风险区域。这种分析能够帮助管理层针对性地制定改进建议,优化组织结构和管理策略。通过识别高风险区域,企业能够更有效地分配资源,提升员工的工作体验和满意度。这种基于数据的分析方法,使企业在人力资源管理上更加精准和高效,能够更好地应对人员流动带来的挑战。

应用预测模型是识别员工离职趋势的另一重要手段。通过结合员工的绩效数据和行为模式,企业可以评估未来可能的离职趋势,从而优化人才保留策略。这些预测模型能够提供关于员工未来行为的有价值见解,使企业能够制定更具前瞻性的管理策略。通过对数据的深入分析，企业可以识别出哪些员工可能会离职，从而采取针对性的保留措施，确保关键人才的稳定性。

为了更好地识别和管理员工离职趋势，企业还可以通过定期的员工满意度调查和反馈机制，实时监测员工的情绪变化。这种机制不仅能及时反映员工的真实感受，还能帮助管理层及时调整管理策略以降低离职率。通过对员工反馈的重视和分析，企业能够更好地理解员工需求，提升员工的工作满意度，从而在激烈的市场竞争中保持优势。

(三)员工流动性预测结果的应用与反馈

利用数字化工具对员工流动性进行预测，企业能够更精准地识别高风险岗位的离职倾向，从而制定更具针对性的人才保留策略。这不仅有助于降低离职率，还能确保企业在关键岗位上保持稳定的运营能力。尤其是在数字化转型过程中，企业需要迅速适应市场变化，保留核心人才，提升竞争力。因此，预测结果的应用直接影响着企业的战略决策和长远发展。

分析员工流动性预测结果是优化企业招聘计划的重要手段。企业可以通过这些分析结果，提前识别未来可能出现的人才缺口，并针对性地进行招聘和培训，确保在关键岗位上拥有足够的人才储备。这种前瞻性的规划不仅提高了招聘效率，还能降低因人员短缺而导致的运营风险。在数字化转型的背景下，企业需要灵活调整其招聘策略，以应对技术变革和市场需求的动态变化，从而在激烈的市场竞争中保持优势。

预测结果为管理层提供了宝贵的数据支持，使其能够更好地评估现有员工的满意度和职业发展需求。通过对这些数据的深入分析，管理层可以识别出影响员工满意度的关键因素，并采取相应措施改善工作环境和企业文化。这种数据驱动的管理方式不仅能够提升员工的工作积极性，还能增强其对企业的归属感，进而提高整体生产力和企业凝聚力。在数字化转型过程中，这种以数据为基础的管理方式尤为重要，因为它能够帮助企业更好地适应快速变化的市场环境。

员工流动性预测的反馈机制是企业定期调整人力资源政策的关键。通过建立有效的反馈机制，企业可以确保其人力资源政策与员工需求和市场变化保持一致。这种动态调整机制不仅能够及时解决员工流动性带来的问题，还能帮助企业在数字化转型中保持灵活性和适应性。通过定期的反馈和政策调整，企业可以持续优化其人力资源管理策略，从而在瞬息万变的市场环境中保持竞争力和创新能力。

(四)员工流动性预测模型的优化与集成

通过优化与集成员工流动性预测模型的算法,可以有效提高预测的准确性和稳定性。结合多种机器学习算法,能够确保模型在不同人力资源管理场景中的适用性。这种算法的集成不仅提升了预测的精细度,还增强了模型在面对复杂数据集时的稳健性,使企业能够更好地预见员工流动趋势,并据此制定相应的管理策略。

建立反馈机制是优化员工流动性预测模型的重要步骤。通过定期评估模型的预测效果,并结合实际的流动数据对模型参数进行调整,企业能够实现动态优化。这种反馈和调整机制不仅提高了模型的准确度,还使其能够迅速适应组织内外部环境的变化,从而为企业的人力资源管理提供更精准的支持。

可视化技术在员工流动性预测中的应用,极大地提升了管理层的决策能力。通过可视化工具直观展示员工流动性预测结果,管理层能够快速识别流动趋势及潜在风险。这种直观的数据展示方式促进了数据驱动的决策制定,使管理层能够在复杂多变的市场环境中保持敏锐的洞察力。可视化工具不仅简化了数据的解读过程,还提高了决策的效率和准确性。

整合内外部数据源是提升员工流动性预测模型全面性和前瞻性的关键。通过引入多样化的数据源,模型的输入信息得以丰富,预测结果能够更全面地反映市场变化与企业内部动态。例如,将外部数据(如行业趋势、经济指标等)与企业内部的人力资源数据相结合,形成一个更加完整的预测体系。这种整合不仅增强了预测的全面性,还为企业在数字化转型过程中提供了更为广阔的视野和洞察力。

第三节 人力资源管理费用预算的数字化转型

一、数字化人力资源管理费用预算预测

(一)基于大数据的人力资源管理费用预算预测

利用大数据分析工具,企业能够实时监测与人力资源相关的市场趋势和行业动态,从而提高预算编制的科学性和准确性。这些工具通过对海量数据的高效处

理和深度分析,帮助企业精准把握市场变化,识别潜在的风险和机会,为预算决策提供坚实的数据支持。借助大数据分析,企业可以更好地应对市场的快速变化,确保人力资源预算的合理性和有效性。

通过对历史数据的挖掘和分析,企业能够清晰识别不同部门和岗位的人力资源成本结构。这种分析不仅为未来的预算编制提供了有力依据,还帮助企业深入了解各岗位的成本分布情况,从而实现更精准的预算规划。了解过去的成本结构,可以让企业在未来的预算中进行更有效的资源分配,避免资源浪费,同时确保各部门的运营需求得到充分满足。这种基于数据的分析方法,为企业在预算编制过程中提供了科学、可靠的决策支持。

基于大数据的预测模型,企业能够对人力资源需求的变化进行动态调整。这种模型通过分析历史数据和当前趋势,预测未来的人力资源需求,并据此优化预算分配和使用效率。企业可以根据预测结果,及时调整人力资源配置,确保预算资源的最佳利用。这种动态调整机制,不仅提高了预算的灵活性,也增强了企业应对不确定性环境的能力,使其在竞争激烈的市场中保持优势。

整合来自不同渠道的数据,企业能够构建全面的人力资源成本数据库。这种数据库的建立,使预算编制过程更加透明和可追溯。企业管理层可以通过这种全面的数据视图,了解各项成本的来源和去向,确保预算的合理性和合规性。透明化的预算编制,不仅提高了企业内部的信任度,也为外部审计提供了便利,确保企业在预算管理上的规范性和透明性。

利用数据可视化工具,企业可以将人力资源预算预测结果以直观的图表形式呈现。这种可视化方式帮助管理层快速理解预算编制的依据和方向,使其在决策过程中更加高效。这些图表和可视化工具不仅提高了信息传递的效率,也增强了信息的直观性,使复杂的数据分析结果更加易于理解和应用,为企业的战略决策提供了有力支持。

(二)人工智能辅助下的管理费用预算优化机制

在人工智能技术的助力下,企业能够对人力资源预算进行实时监控,显著提升预算使用的灵活性与适应性。这种监控机制可根据业务变化及时调整预算分配,确保预算资源始终与企业战略目标保持一致。通过实时监控提供的数据支持,企业能够针对市场动态变化迅速做出反应,保持预算的合理性与有效性。

机器学习技术在历史预算数据分析中展现出强大的优势。通过对过往数据的深入挖掘,机器学习能够识别影响预算的主要成本驱动因素。这一过程不仅提升了未来预算编制的精准度,还增强了预算管理的科学性。企业可以利用这些分析结果,优化资源配置,提高资金使用效率,从而在激烈的市场竞争中占据有利地位。

智能化预算预测模型的构建是数字化转型中预算管理的一大亮点。该模型结合外部市场数据和内部运营数据,提供更为科学和前瞻性的预算编制方案。智能模型不仅可以预测未来的市场趋势,还能根据企业内部的运营情况,提供个性化的预算建议。这种结合内外部数据的方式,使得预算编制更加贴近实际需求,减少了资源浪费。

在预算执行过程中,智能反馈机制的引入为预算管理提供了新的保障。通过实时监测预算使用情况,企业能够及时发现预算执行中的偏差,并提出调整建议。这种机制确保了预算目标的实现,避免了因信息滞后而导致的预算失控。实时反馈不仅提升了预算管理的效率,还为企业的财务健康提供了有力支持。

最后,人工智能技术在预算风险评估中的应用,为企业识别潜在财务风险提供了新的途径。通过对预算数据的深入分析,人工智能可以帮助企业识别可能出现的财务风险,并协助管理层制定有效的应对策略。这种风险评估机制不仅保障了预算的合理性与安全性,还为企业的长期稳定发展提供了重要支持。人工智能辅助下的预算优化机制,正在为企业的人力资源管理带来深刻的变革。

(三)动态预算调整与实时响应体系

建立动态预算调整机制是企业提升资源利用效率、适应市场变化的重要举措。通过这一机制,各部门能够根据实时业务需求灵活调整预算分配,确保资源的合理配置与高效利用。这不仅要求企业具备灵活的预算管理能力,还需要各部门在预算调整过程中保持高效的沟通与协作,以实现资源的精准分配。动态调整机制可以帮助企业快速响应市场变化,优化资源配置,提高整体运营效率。

实施实时数据监控系统是动态预算调整的关键支撑。通过该系统,企业可以及时捕捉预算执行中的偏差,快速响应并进行必要的调整,以确保预算目标的实现。实时数据监控系统的应用不仅使预算管理更加透明和高效,还帮助企业及时发现潜在问题,并迅速采取纠正措施。在快速变化的市场环境中,这种及时性和精准性尤为重要,能够帮助企业保持竞争力并实现可持续发展。

构建跨部门协作平台是实现动态预算调整的重要手段。通过促进信息共享与沟通,各业务单元在预算调整时能够迅速协调,提升整体决策效率。跨部门协作平台不仅提高了预算调整的效率,还增强了各部门之间的协作能力,推动企业整体运营的优化。信息的有效共享和及时沟通是实现预算调整快速响应的基础，能够显著提升企业的综合竞争力。

利用数据分析工具评估预算执行效果是优化预算管理的重要环节。定期生成的分析报告为管理层提供科学的决策依据，帮助企业识别预算管理中的薄弱环节，并制定相应的改进措施。数据分析工具的应用使得预算执行效果的评估更加精准，为企业的预算管理提供了强有力的支持，助力企业优化后续预算编制，提升预算管理的科学性和有效性。

引入智能化预算预测模型是企业在快速变化的环境中保持竞争力的关键。结合市场动态与内部运营数据，智能化预算预测模型能够动态调整预算策略，确保企业在市场变化中保持灵活性和适应性。这种预测模型不仅提高了企业预算管理的精准度，还增强了企业在市场变化中的应对能力，为企业的长远发展提供了坚实保障。

二、数字化人力资源管理费用预算的编制

（一）数字化预算编制的策略

建立数字化预算编制平台是实现高效预算管理的基础。该平台能够整合企业各个部门的预算需求与数据，确保信息的集中管理与透明化。通过减少信息传递中的误差，平台能够提升各部门之间的协同效率。同时，利用数据分析工具，基于历史预算和实际支出数据进行科学的预算预测与模型构建。这一过程需要深刻理解企业的历史财务数据，并借助先进的数据分析技术进行预测，从而为预算的制定提供坚实的依据。

制定明确的预算编制流程是确保预算管理高效运行的关键。通过设立统一的标准和时间节点，各部门能够在规定的时间内提交预算申请，从而大幅提升预算编制的效率和准确性。统一的标准有助于避免因各部门标准不一而导致的预算编制困难，同时也为后续的预算审核和调整提供便利。此外，实施实时监控机制也是数字化预算编制的重要环节。通过对预算执行情况的动态跟踪，企业能够及时识别和调整偏差，确保预算目标的实现。这一机制不仅能提高预算执行的准确性，还能为企业的财务管理提供实时的数据支持。

引入智能化决策支持系统，能够提升数字化预算编制水平。基于市场变化和内部运营数据，智能化系统能够为预算编制提供实时反馈与优化建议。这不仅能

帮助企业在快速变化的市场环境中保持竞争力,还能通过智能化的分析和建议,提高预算编制的科学性和前瞻性。智能化系统通过对大量数据的分析,能够识别出潜在的市场趋势和内部运营风险,从而为预算的优化提供依据。总之,数字化预算编制流程的实施,不仅提高了预算管理的效率和透明度,还为企业的战略决策提供了强有力的支持。

(二)智能化预算编制工具的应用

在当今数字化转型的浪潮中,智能化预算编制工具能够自动收集和分析各部门的预算需求,大幅提高了数据整合的效率。与传统的预算编制过程相比,智能化工具通过自动化的方式简化了烦琐的过程,使得预算编制更加快速和准确,同时减少了人为错误。

智能化预算编制工具不仅限于数据的收集和整合,还具备强大的预测能力。通过复杂的算法,这些工具可以预测未来的预算需求,并根据市场变化和历史支出数据进行动态调整。这种预测能力使得企业能够更好地应对不断变化的市场环境,确保预算的合理性和前瞻性。同时,智能化工具的应用也减少了人为预测的偏差,提高了预算编制的科学性。

除了预测功能外,智能化预算编制工具还支持实时监控预算的执行情况。管理层可以通过这些工具及时识别预算执行中的偏差,并获得相应的调整建议。这种实时监控和调整能力确保了预算目标的实现,减少了因预算偏差而导致的资源浪费和决策失误。这种工具的应用使得预算管理变得更加灵活和高效,适应了数字化时代对快速响应和精准管理的要求。

智能化工具还能够生成可视化的预算报告,这对于管理层来说是一个极大的优势。通过直观的图表和数据展示,管理层可以快速理解预算编制的依据和方向,提升决策效率。与传统的以文本和表格为主的预算报告相比,可视化报告通过图形化的方式简化了信息的传递,提高了沟通效率和决策质量。

最后,通过集成外部市场数据,智能化预算编制工具可以进一步优化预算编制的科学性与前瞻性。这些工具不仅依赖于企业内部的数据,还能够利用外部市场信息进行综合分析,增强企业的市场适应能力。这种集成能力使得企业能够在预算编制中考虑更多的外部因素,从而制定出更加科学和合理的预算方案。这一功能的实现,使得企业在数字化转型中能够更好地把握市场机遇,提升竞争优势。

(三)跨部门协作的预算编制效率提升

在数字化转型的背景下,建立跨部门沟通机制是提升预算编制效率的关键。通过构建畅通的沟通渠道,企业能够确保预算编制信息的及时传递与共享,有效减少信息孤岛现象。定期的会议和信息共享平台,使各部门能够及时获取和更新相关预算信息,避免因信息滞后或缺失而导致的预算偏差。这种机制不仅提高了信息透明度,还促进了部门间的协同合作,为高效预算编制奠定基础。

数字化工具的引入为跨部门预算编制提供了强有力的支持。通过创建实时协作平台,各部门可以在预算编制过程中进行即时互动与反馈。这种实时协作不仅提高了预算编制的效率,还增强了各部门之间的协作意识。实时协作平台能够记录各部门的反馈意见和修改建议,确保所有参与者都能看到最新的预算草案和调整内容,从而减少沟通误解和重复工作。这种互动方式有助于各部门在预算编制过程中紧密合作,共同解决问题,提高整体预算编制的准确性和效率。

为了进一步提升跨部门协作的效率,定期组织跨部门预算编制培训是必要的。这些培训旨在提升各部门对预算流程和工具的理解与运用能力。通过培训,各部门能够更好地掌握预算编制所需的数字化工具和技术方法,从而提高预算编制的效率和准确性。同时,培训还可以增强各部门的协作意识,使其在预算编制过程中能够更好地理解和配合其他部门的需求和工作方式,从而形成协同效应,提升整体效率。

在预算编制过程中,设定明确的预算编制责任与角色是提升效率的关键。通过明确各部门在预算编制中的职责,企业能够确保各司其职,避免因职责不清导致的工作拖延和责任推诿。明确的责任分工能够促进各部门之间的协作,使其在预算编制过程中形成合力。各部门在明确自身角色的前提下,能够更高效地完成预算编制任务,同时也能更好地配合其他部门的工作,提高整体预算编制效率。

最后,实施预算编制的绩效评估机制是优化跨部门合作的重要手段。通过定期评估各部门的协作效果,企业可以及时发现和解决预算编制过程中存在的协作问题。绩效评估能够为各部门提供反馈,使其了解自身在预算编制过程中的表现,并根据评估结果调整策略,以优化跨部门合作。这种评估机制不仅能够提高预算编制的效率,还能促使各部门在今后的预算编制过程中更加积极主动地进行协作,从而不断提升整体预算编制能力。

三、人力资源成本分析的数字化方法

(一)数据驱动的成本要素识别

通过数据分析技术,企业可以识别各类人力资源成本的构成要素,包括薪资、培训、福利等。这种方法不仅有助于进行全面的成本评估,还能为企业提供精确的成本控制依据。通过对这些要素的深入分析,企业能够更好地理解其人力资源投入的实际价值,从而优化预算分配,提高整体运营效率。

数据挖掘技术在识别不同岗位和部门的人力资源成本差异方面发挥着重要作用。通过对大量数据的分析,企业可以发现哪些岗位或部门的人力资源成本较高,并精准定位成本控制的重点区域。这种分析不仅能帮助企业在成本管理上实现精细化控制,还能为制定更加精准的管理策略提供数据支持,使企业在激烈的市场竞争中保持优势。

基于历史数据的分析,企业可以预测未来人力资源成本的变化趋势,从而为制定合理的预算和资源配置策略提供支持。通过对过去数据的深入挖掘和分析,企业能够识别出成本变化的规律和趋势,为未来的决策提供有力依据。这种基于数据的预测方法,帮助企业在预算编制中更加科学和精确,减少了资源浪费,提高了资金使用效率。

整合内部与外部数据是优化人力资源成本结构的重要手段。通过比较行业标准和最佳实践,企业能够识别自身在成本管理中的不足之处,并采取相应措施进行改进。这种整合分析不仅提升了企业的竞争力,还为其在行业中树立了良好的标杆形象。通过这种方法,企业能够在数字化转型的浪潮中保持灵活应变的能力,不断优化自身的人力资源管理实践。

(二)智能化成本监控与控制

在数字化转型的背景下,智能化成本监控与控制能够极大提高企业在成本管理上的效率与精准度。利用实时数据监控系统,企业可以自动跟踪人力资源成本的变化。这种系统能够及时识别异常支出,确保预算执行的合规性与合理性。通过实时数据的获取与分析,企业不仅可以快速响应突发的财务问题,还能在更大程度上实现对成本的精细化管理。这种技术的应用使得企业在面对复杂多变的市场环境时,能够保持财务上的稳健与灵活。

智能化工具的应用进一步深化了人力资源成本分析的数字化方法。通过这些工具,企业能够对各类人力资源成本的构成进行深入分析,识别成本的驱动因素。这种分析不仅有助于理解成本的来源,还能为制定更有效的成本控制策略提供数据支持。智能化工具的应用,使得企业在制定战略时能够更加科学和精准,减少不必要的支出,并优化资源配置。这种方法的实施,不仅提升了企业的成本管理能力,也为其在市场竞争中赢得了更多的优势。

此外,基于数据分析的绩效考核机制的实施,为人力资源管理活动的成本效益评估提供了新的视角。通过定期评估,企业能够全面了解各项人力资源管理活动的投入与产出比。这种机制的建立,不仅有助于促进资源的合理配置与使用,还能为企业的决策提供重要参考依据。通过对绩效与成本的综合分析,企业可以更好地识别高效益的管理活动,并对低效益的活动进行优化或调整,从而实现整体效益的最大化。

最后,构建动态预警机制是智能化成本监控与控制的重要组成部分。通过结合历史数据与市场变化,企业能够及时调整人力资源成本控制措施。这种机制不仅增强了企业的财务灵活性,还提高了其应对市场波动的能力。动态预警机制的应用,使得企业在成本管理上不再是被动反应,而是可以主动出击,提前规避潜在的财务风险。这种前瞻性的管理方式,为企业在数字化转型过程中提供了坚实的保障。

(三)费用分析的实时动态评估

通过先进的数据分析工具,企业可以实时监控人力资源成本的变化,及时识别成本异常并确保预算执行的合规性与合理性。这种实时监控机制使企业能够在成本发生异常时迅速采取纠正措施,避免潜在的财务风险。同时,实时动态评估为企业提供了一种透明的成本管理方式,提升了预算管理的效率和准确性。

为了进一步优化人力资源成本管理,建立动态评估机制是至关重要的。通过定期对各类人力资源成本进行深入分析,企业可以识别出影响成本的关键驱动因素。这种分析不仅为企业制定更有效的成本控制策略提供了坚实的依据,还帮助企业在面对市场环境变化时保持竞争力。动态评估机制的实施需要结合先进的数据分析技术和专业的财务管理知识,以确保分析结果的准确性和实用性。

在数字化转型的背景下,利用可视化工具展示人力资源成本的实时数据已成为一种趋势。这些工具能够帮助管理层快速理解成本结构和变化趋势,从而促进数据驱动的决策制定。通过图表、仪表盘等直观的方式展示数据,管理层可以更清晰地掌握企业的成本状况,识别潜在的问题和机会。这种可视化的方式不仅提高了决策的效率,还增强了管理层对数据的敏感度和洞察力。

实施反馈机制也是费用分析实时动态评估的重要环节。结合实时数据监测结果,企业可以及时调整人力资源成本控制措施,以应对市场环境变化和企业战略目标的调整。反馈机制的有效运行需要企业内部各部门的紧密合作,以确保信息的及时传递和措施的迅速落实。这种灵活的调整能力使企业能够在动态的市场环境中保持敏捷性和适应性,从而实现可持续的发展。

(四)基于预测模型的成本优化

在数字化转型的浪潮中,人力资源管理的成本分析正逐步向智能化、精细化方向发展。基于预测模型的成本优化方法,为企业提供了一种创新的路径,以实现人力资源成本的有效控制和优化。通过建立基于预测模型的人力资源成本优化框架,企业能够识别各类成本的主要驱动因素。这样的框架不仅能帮助企业理解成本的构成及其变化趋势,还能制定出更具针对性的控制措施。这种方法的关键在于通过数据分析,揭示成本背后的逻辑关系,从而为企业的决策提供科学依据。

预测模型的应用使得人力资源成本的动态监测成为可能。企业可以利用这些模型实时调整资源分配,以提高资金使用效率,减少不必要的开支。在此过程中,模型通过对历史数据和当前市场状况的分析,预测未来的成本变化趋势。这种动态监测能力使企业能够在市场条件变化时迅速做出反应,优化资源配置。这不仅降低了成本,还提升了企业对市场变化的敏感度和应对能力。

此外,基于预测模型的分析结果,企业可以对人力资源预算编制过程进行优化。传统的预算编制往往依赖于历史数据和经验判断,而预测模型则通过对市场变化和内部需求的分析,提供更为精确的数据支持。这样,企业各部门的预算分配能够更符合实际需求,避免了资源的不当配置。这种优化过程不仅提高了预算编制的科学性,还增强了企业在资源调配上的灵活性和适应性。

最后,实施预测模型的反馈机制,企业能够定期评估成本优化效果。这一机制的建立,确保了企业在成本管理上的持续改进。通过对优化效果的评估,企业可以及时调整策略,以适应不断变化的商业环境和内部需求。这种反馈机制不仅帮助企业在短期内实现成本节约,更为长期战略的制定提供了重要支持。通过不断的反馈和调整,企业能够在数字化转型中保持竞争优势,推动人力资源管理的持续创新。

四、人力资源管理费用预算执行与监控的数字化

（一）预算执行跟踪与评估

通过引入先进的数据分析工具，企业能够实时监控人力资源管理费用预算的执行情况。这些工具不仅可以识别预算执行中的偏差，还能为管理层提供及时的反馈，以便在资源配置上进行必要的调整和优化。这种实时监控机制确保了预算执行的高效性和准确性，为企业的财务健康提供了有力保障。

为了进一步提升预算管理的科学性，建立预算执行的关键绩效指标（Key Performance Indicator，以下简称 KPI）体系是必不可少的。该体系通过定期评估各部门的预算使用效率，帮助企业识别可能的浪费和资源错配问题。KPI 体系不仅促进了预算的精细化管理，还为各部门提供了明确的绩效目标，激励其在预算使用上更加谨慎和高效。这种基于数据驱动的管理方式，使得预算执行不再只是财务部门的任务，而是全公司共同的责任。

在数字化转型中，数据可视化技术的应用为预算执行的监控带来了革命性变化。通过将复杂的预算数据转化为直观的图表，管理层可以快速掌握预算执行的整体状态。这种可视化的呈现方式不仅提高了信息的可读性，还增强了决策的科学性和准确性。管理层可以通过这些图表，迅速识别出预算执行中的异常情况，从而采取相应的措施，确保预算的合理使用。

预算执行反馈机制的实施同样是数字化转型中的一项重要举措。通过定期收集各部门对预算使用情况的反馈和意见，企业能够及时调整预算编制和执行策略。这种动态调整机制保证了预算的灵活性和适应性，使其能够更好地应对不断变化的市场环境。同时，这种反馈机制也促进了各部门之间的沟通与协作，增强了预算执行的整体协调性。

通过数据分析识别各类人力资源成本的主要驱动因素，是提升预算执行合理性的关键。通过对数据的深入挖掘，企业可以制定更加有效的成本控制策略。这不仅有助于降低不必要的开支，还能提高人力资源的利用效率。在数字化转型的推动下，企业能够更精准地把握预算执行中的关键环节，从而实现成本的最优化管理。

（二）预算执行差异分析

在数字化转型的推动下，人力资源管理费用预算的执行与监控正逐步迈向智

能化。智能化预算执行差异分析通过实时数据监控,能够有效识别各部门在预算使用中的偏差。这种实时监控不仅能帮助管理层及时调整策略,还能优化资源配置,确保企业在快速变化的市场环境中保持竞争力。通过智能化手段,各部门在预算执行过程中出现的偏差能够被迅速捕捉和分析,从而为企业提供了一个动态调整的机制,提升了预算管理的灵活性和响应速度。

运用机器学习算法对历史预算执行数据进行分析,是智能化预算管理的重要组成部分。这些算法能够识别出影响预算执行的关键因素,为管理层提供了制定针对性改进措施的依据。通过对历史数据的深度分析,企业可以更好地理解预算执行中的常见问题和挑战,从而在未来的预算规划中进行有效规避。这种数据驱动的分析方式,不仅提高了预算执行的准确性,还为企业的战略决策提供了坚实的数据支持。

为了提升管理层对预算执行状态的理解,建立智能化差异分析报告系统是有效的解决方案。该系统能够自动生成各部门预算执行情况的可视化图表,使管理层能够直观地了解预算执行的整体状况。通过图表和数据的结合,管理层可以更清晰地看到各部门的预算执行效率和存在的问题,从而更有针对性地进行资源配置和战略调整。这种可视化的方式,不仅提高了预算管理的透明度,还增强了各部门之间的沟通和协作。

实施基于数据的反馈机制是促进各部门之间信息共享与协作的关键。通过定期评估预算执行差异,各部门可以相互学习和借鉴成功的预算管理经验,提高整体预算管理效率。这种基于数据的反馈机制,不仅促进了跨部门的协作,还为企业的预算管理提供了一个持续改进的平台。随着各部门对预算执行情况的深入了解,企业的预算管理能力将不断提升,进而推动整体运营效率的提高。

智能化工具在预算执行的趋势分析中发挥着重要作用。通过对预算执行数据的趋势分析,企业可以预测未来预算执行中可能出现的潜在问题,并提前制定应对策略以降低风险。这种前瞻性的分析方式,使企业能够在预算管理中采取更加主动的态度,从而在市场竞争中占据优势。通过对趋势的把握和风险的预判,企业可以在预算管理中实现更高的精准度和效率。

(三)实时预算执行监控与异常预警

在数字化转型的背景下,实时预算监控系统通过先进的数据分析工具,自动跟踪各部门的预算使用情况,确保在预算执行过程中,任何偏差都能被及时发现和纠正。这种实时监控不仅提高了预算管理的效率,还增强了企业对资源配置的灵活性和响应速度。

智能算法在预算执行中的应用,为管理层提供了强大的支持。通过对预算执行的异常情况进行深入分析,这些算法能够自动生成预警报告,为管理层提供及时、准确的信息,以便迅速调整资源配置,规避潜在风险。这样的智能化预警系统不仅提高了预算管理的精确性,还使得企业能够在复杂多变的市场环境中保持竞争力。

动态预算监控流程的实施,是数字化转型下的又一重要举措。通过定期更新KPI,企业能够实时评估预算执行的效率和效果。这一流程的动态特性,确保了企业在预算管理中始终保持敏捷性和前瞻性,从而在快速变化的市场中占据主动地位。KPI的定期更新,也为企业提供了一个不断优化预算管理策略的平台。

在预算执行分析中,多渠道数据源的整合是确保信息全面性和准确性的关键。通过整合来自不同渠道的数据,企业不仅提高了预算执行分析的深度和广度,也增强了决策的科学性。这种综合分析方式使企业能够更全面地了解预算执行的全貌,从而做出更加明智的决策。这种全面的信息视角,是企业在数字化时代取得成功的重要保障。

可视化技术的引入,为预算执行状态的实时展示提供了可能。通过直观的图表和数据展示,管理层能够快速识别预算执行中的问题区域。这种可视化的方式,不仅提高了数据分析的效率,还促进了数据驱动的决策制定。管理层能够通过可视化的数据,迅速做出调整和优化预算管理策略,从而在激烈的市场竞争中保持优势。

五、数字化人力资源管理费用预算调整与优化

(一)数字化人力资源管理费用预算调整机制

在数字化转型的背景下,企业需要建立灵活的预算调整机制,以应对快速变化的市场环境和业务需求。数字化人力资源管理费用预算调整机制的核心在于实时数据的获取与分析。通过建立实时数据监控机制,各部门能够根据实际业务需求灵活调整预算分配。这种机制不仅提高了资源利用效率,还能使企业在面对

市场变化时保持敏捷的反应能力。实时数据监控的有效性依赖于先进的信息技术支持,确保数据的及时性和准确性,从而为预算调整提供坚实的基础。

实施动态预算审批流程是数字化预算调整机制的另一重要组成部分。传统的预算审批流程往往耗时较长,难以适应快速变化的市场环境。通过引入动态预算审批流程,各部门可以在预算执行过程中,根据市场变化和业务需求快速提出调整申请。这种灵活的审批流程能够增强预算的灵活性,使企业在资源配置上更加贴合实际需求。动态审批流程的成功实施需要企业内部流程的优化,以及各部门之间的高效沟通与协作。

引入智能化分析工具是提升预算调整科学性与合理性的关键。智能化分析工具可以对预算调整的影响进行预测和评估,帮助企业在调整预算时做出更为科学的决策。这些工具通过大数据分析和机器学习技术,能够识别潜在的风险和机遇,为预算调整提供数据支持。通过智能化分析,企业不仅可以优化当前的预算配置,还能为未来的预算规划提供参考依据,提升整体的预算管理水平。

为了确保预算调整的规范性和透明度,企业需要设定明确的预算调整标准和流程。统一的调整标准和流程能够确保各部门在调整预算时遵循一致的规范,避免因不同部门标准不一而导致的协调问题。明确的流程不仅提升了预算调整的效率,还增强了各部门之间的协调性和透明度。通过标准化的流程,各部门可以在预算调整过程中保持信息的透明与共享,提升整体的协作效率,为企业的数字化转型提供有力支持。

(二)数字化人力资源管理费用预算优化

在数字化转型的浪潮中,现代企业通过采用先进的数据分析工具,可以有效优化人力资源预算编制流程。这些工具能够处理海量数据,识别出预算编制中的冗余和不足之处,从而提高预算编制的效率和准确性。传统的预算编制过程往往依赖于经验和直觉,可能导致预算不够精确。而数字化工具则通过数据驱动的方法,提供更为科学的预算编制方案,使预算的制定更加符合实际业务需求。

利用智能算法能够进一步提升预算的精准度和针对性。这些算法可以识别和分析人力资源成本的驱动因素,帮助企业制定更具针对性的成本控制策略。通过对历史数据的分析,智能算法能够预测未来的人力资源成本趋势,并识别出影响成本的关键因素。这不仅有助于企业在预算编制阶段进行有效的成本控制,还可以在实际执行过程中,根据算法提供的建议进行调整,以实现最佳的成本效益。

实施动态调整机制是数字化预算优化中的关键步骤。在快速变化的市场环境中,企业需要根据实时市场变化和业务需求灵活调整预算分配。传统的预算编制通常是一成不变的,难以应对市场的动态变化。而数字化预算优化则通过动态调整机制,允许企业在预算执行过程中进行灵活调整。这种机制不仅提升了资源利用效率,还能使企业更好地应对市场变化,提高竞争力。

建立跨部门协作平台是实现数字化预算优化的重要保障。通过这样的平台,各部门可以在预算编制和执行过程中实现信息共享与反馈。这种协作不仅提高了整体预算管理的效率,还能确保各部门的预算需求和实际执行情况得到及时的沟通和调整。在数字化转型背景下,信息的及时共享和反馈是企业高效运作的基础,跨部门协作平台的建立为这一目标的实现提供了有力支持。

第三章　人员招聘与培训在数字化转型中的实践

第一节　数字化人员招聘渠道的开发

一、在线招聘平台的选择与优化

(一)在线招聘平台的重要性

在线招聘平台已成为企业招聘的重要工具,尤其在数字化转型的背景下,其价值愈发凸显。它不仅能有效扩大招聘范围,使企业接触到更多的潜在候选人,还大幅提升了招聘效率。随着全球化和信息技术的迅猛发展,企业面临的招聘竞争日益激烈,而在线招聘平台提供了一种高效的解决方案。通过这些平台,企业可以突破地域限制,吸引来自世界各地的优秀人才,从而增强自身的人才储备和竞争力。此外,招聘流程的数字化和自动化,也使传统招聘方式的烦琐和低效问题得到了显著改善。

在线招聘平台通过先进的算法和数据分析功能,能够实现精准的人才筛选。这些平台可以根据候选人的简历、工作经验、技能等数据进行智能匹配,从而提高招聘的准确性和效率。企业可以利用这些工具快速识别出最符合岗位需求的候选人,减少人力资源部门在初步筛选阶段的工作量。同时,在线招聘平台的智能化功能还能够帮助企业识别潜在的人才库,为未来的人才需求做好储备工作。

此外,在线招聘平台提供的实时数据分析功能,使企业能够全面监控招聘效果,并根据招聘进展和市场变化及时调整招聘策略。这种实时反馈机制确保招聘目标的实现。平台还集成了多种功能,如视频面试、在线评估等,极大地提升了招聘过程的灵活性和便捷性。这些功能不仅提高了招聘效率,还改善了候选人的应聘体验,有助于提升企业的雇主品牌形象。因此,在线招聘平台的选择与优化是企业在数字化转型中不可或缺的一部分。

(二)在线招聘平台的选择

选择在线招聘平台需要从多个维度进行综合考量,以确保其能够有效支持招聘工作。首先,评估平台的用户体验和界面友好性至关重要。良好的用户体验不仅能够提升招聘团队的工作效率,还能为候选人提供顺畅的申请流程,进而提高候选人对企业的好感度。界面设计应当直观易用,便于招聘人员快速发布职位信息和筛选简历,同时也应方便候选人搜索职位并提交申请。

其次,平台的费用结构和性价比也是选择的重要考量因素。企业在选择在线招聘平台时,应仔细分析其收费模式,包括按职位收费、按月收费或按年度收费等不同方案。通过对比不同平台的收费标准和服务内容,企业可以选择最符合预算要求的方案,以实现招聘成本的最优化。性价比高的平台不仅能够降低企业的招聘成本,还可以在预算范围内提供更优质的招聘服务。

最后,平台的行业适应性和专业性是确保招聘效果的重要保障。不同的行业对人才的需求各异,选择一个能够满足特定行业需求的平台,可以提高招聘的精准度和效率。企业应检查平台是否具备行业相关的功能和服务,例如特定行业的职位模板和行业内的求职者数据库等。此外,分析平台的客户支持和服务质量也是必不可少的步骤。优质的客户支持能够在平台使用过程中提供及时的帮助和指导,解决招聘团队在使用过程中遇到的问题,确保招聘工作的顺利进行。通过全面考量这些因素,企业能够更好地选择合适的在线招聘平台,提升数字化招聘的整体效果。

(三)在线招聘平台用户体验优化

优化在线招聘平台的界面设计,提升用户友好性,是改善用户体验的基础。简洁直观的界面设计能够让招聘团队和候选人更加高效地完成招聘流程,减少用户在使用过程中的困惑,大幅度降低学习成本,使招聘流程更加顺畅。此外,提供多语言支持和无障碍功能也是用户体验优化的关键措施。通过多语言支持,平台能够服务于不同语言背景的用户,扩大了潜在候选人的覆盖面;而无障碍功能的引入,则确保了不同身体条件的用户都能顺利使用平台,这在全球化招聘中尤为重要。

集成智能推荐系统,能够提升招聘精准度和效率。智能推荐系统能够根据用户的行为和偏好,自动推送匹配的职位和候选人信息。这种个性化的推荐不仅提高了招聘的效率,也增加了候选人与职位匹配的成功率。通过数据分析,智能推荐系统能够持续学习和优化,为用户提供更为精准的推荐结果。这种技术的应用,不仅减轻了招聘团队的工作量,也提高了候选人找到合适职位的机会,形成了双赢的局面。

定期收集用户反馈并进行数据分析,是持续改进平台功能和服务的重要手段。通过收集用户在使用过程中的反馈,平台可以识别当前存在的不足之处。结合数据分析,平台可以制定出针对性的改进方案,更好地满足招聘团队和候选人的需求。这种持续改进的机制不仅能提升用户满意度,还能增强平台的竞争力,使其在快速变化的市场中保持领先地位。通过不断的优化和改进,在线招聘平台能够在数字化转型中发挥更大的作用,为企业的人才招聘提供强有力的支持。

(四)在线招聘平台的招聘策略

在数字化转型背景下,企业的招聘策略需要与其整体战略和文化相一致,以确保招聘工作的有效性。制定明确的招聘目标和标准是关键步骤之一。这不仅有助于企业在招聘过程中保持目标明确,还可以确保招聘到的人员与企业的长期发展目标相契合。招聘目标应涵盖职位需求、技能要求及文化契合度等方面的具体标准,帮助企业从大量候选人中快速识别出最合适的人选。同时,明确的招聘标准也有助于提高招聘效率,减少不必要的资源浪费。

利用数据分析工具评估招聘渠道的效果,是优化招聘策略的重要手段。通过数据分析,企业可以了解不同招聘渠道的实际效果,例如候选人质量、招聘速度和成本效益等。基于这些数据,企业可以及时调整招聘策略,优化资源配置,从而提高招聘效率和效果。数据分析还可以帮助企业识别招聘流程中的瓶颈和不足之处,提供改进建议,助力企业不断完善其招聘策略,保持竞争优势。

实施多样化的招聘活动,是数字化招聘策略中的重要组成部分。通过线上线下结合的招聘会,企业可以接触到不同背景和技能的候选人,扩大人才库的深度和广度。这种多样化的招聘活动不仅可以提高企业的知名度,还能吸引更多潜在的优秀人才。此外,企业还可以通过举办行业研讨会、职业发展论坛等活动,展示其在行业中的领导地位和专业实力,从而吸引更多高质量的候选人。

建立良好的雇主品牌形象是吸引高质量候选人的关键因素之一。通过社交媒体和企业文化宣传,企业可以向外界展示其独特的企业文化和价值观,吸引与之契合的候选人。良好的雇主品牌形象不仅有助于吸引潜在员工,还能提高现有员工的忠诚度。在数字化时代,企业需要积极利用各种数字化工具和平台,持续优化和推广其雇主品牌,以在激烈的人才竞争中脱颖而出。

二、社交媒体在招聘中的应用

(一)社交媒体招聘平台的选择与应用策略

在现代人力资源管理的数字化转型中,社交媒体已成为人员招聘的重要渠道。选择合适的社交媒体平台是招聘成功的关键。企业需根据目标候选人的特征和习惯,精准定位最能触达潜在人才的渠道。例如,LinkedIn因其专业性强,适合招聘高技能和专业人才,而Facebook和Twitter则凭借其广泛的用户基础和互动性,适合招聘多样化的职位。通过对平台特性的深入分析,企业可以更有效地接触到理想的候选人群体。

设计吸引人的招聘广告是提升社交媒体招聘效果的重要策略。利用社交媒体的视觉和互动特性,企业可以增强职位信息的传播效果。通过精心设计的图文并茂的广告,企业能够在众多信息中脱颖而出,吸引更多候选人的关注。互动性强的内容,诸如视频、图表及动态信息,能够有效提高信息的传播广度和深度,吸引更多候选人参与到招聘过程中。

建立企业社交媒体专页是提升雇主品牌形象的重要手段。通过定期发布公司动态、企业文化和员工故事,企业不仅能够展示自身的价值观和工作环境,还能增强求职者对企业的认同感和归属感。这种持续的品牌建设能够吸引更多求职者的关注和申请,帮助企业在竞争激烈的招聘市场中占据有利位置。

此外,利用社交媒体的互动功能开展在线招聘活动或直播问答,可以直接与候选人沟通。这种实时互动不仅能够解答候选人的疑问,还能增强他们的参与感。通过在线活动,企业可以更好地展示自身的优势,提升候选人的信任感和申请意愿。这种直接的沟通方式能够有效缩短招聘周期,提高招聘效率。

最后,分析社交媒体招聘的效果是优化招聘策略的必经之路。通过数据监测工具,企业可以评估广告的点击率、申请转化率等关键指标。通过对这些数据的分析,企业能够及时调整招聘策略,以优化效果。这种数据驱动决策能够帮助企业在快速变化的市场环境中保持竞争力,并持续吸引高质量的人才。

(二)社交媒体在招聘宣传中的角色

在数字化转型的浪潮中,社交媒体作为招聘宣传的重要渠道,展现出其独特的优势和作用。社交媒体平台能够快速传播职位信息,突破传统招聘渠道的地域限制,显著扩大招聘范围。这种快速传播的特性不仅能够迅速吸引更多潜在候选人的关注,还能在短时间内提升职位信息的曝光率,进而提高招聘效率。随着社交媒体的普及,企业可以通过多样化的内容形式,如图文、视频等,生动地展示企业文化和职位特点,从而增强对候选人的吸引力。

借助社交媒体的互动功能,企业与候选人之间的沟通变得更加实时和便捷。通过评论、私信等功能,企业能够及时解答候选人的疑问,消除信息不对称带来的不安,增强候选人的参与感和兴趣。这种互动不仅有助于建立良好的企业形象,还能提高候选人的满意度和忠诚度。此外,互动功能还使企业能够更好地了解候选人的需求和期望,从而在招聘过程中做出更为精准的决策。

用户生成内容(User-Generated Content,以下简称 UGC)是社交媒体平台的一大特色,这种内容可以为企业提供真实的员工体验分享。通过 UGC,企业能够展示员工的真实工作状态和职业发展路径,提升雇主品牌的可信度和吸引力。真实的员工故事和体验分享,往往比企业官方发布的信息更具说服力和感染力,能够有效吸引志同道合的候选人。同时,UGC 也为企业提供了一个宝贵的反馈渠道,帮助企业不断优化员工体验和雇主品牌形象。

社交媒体的定向广告功能,为企业精准锁定特定人才群体提供了可能。通过分析用户的兴趣、行为和职业背景,企业可以将招聘广告推送给更符合职位要求的潜在候选人。这种精准的广告投放,不仅提高了招聘宣传的效率和效果,还降低了招聘成本。定向广告的使用,使得企业能够在竞争激烈的人才市场中,迅速找到合适的人才,从而增强企业的竞争力。

最后,社交媒体的分析工具为企业实时监测招聘宣传的效果提供了强有力的数据支持。通过分析工具,企业可以获取招聘广告的曝光量、点击率、互动率等关键指标,及时评估招聘宣传的效果。这些数据不仅帮助企业识别招聘过程中的问题,还为后续招聘策略的调整提供了科学依据。通过不断优化招聘宣传策略,企业能够在数字化转型中,持续提升招聘的质量和效率。

(三)社交媒体招聘的互动性与参与度

通过社交媒体平台,企业能够实现与候选人的实时互动,显著增强双方之间的联系。这种互动不仅使得信息的传递更加迅速和高效,还为候选人提供了一个直接反馈的平台,使得招聘过程更加透明和开放。企业可以利用社交媒体的互动功能开展问答活动,及时解答候选人的疑问。这种即时的沟通方式不仅提升了候选人的参与感,也增强了他们对企业的信任度,进而提高了招聘的成功率。

社交媒体平台的评论和分享功能为招聘信息的传播提供了极大的便利。通过这些功能,职位信息能够在短时间内被广泛传播,极大地增加了职位的曝光率。这种广泛的传播不仅吸引了更多的潜在候选人,也为企业提供了更大的人才选择空间。此外,社交媒体的投票和调查功能也为企业优化招聘策略提供了有力的支持。通过收集候选人对职位和公司文化的看法,企业可以更好地理解候选人的需求和期望,从而在招聘过程中做出更为精准的调整,提高招聘的匹配度。

社交媒体的互动性还促进了候选人之间的交流,形成了一个具有社区氛围的互动平台。在这种氛围中,候选人之间可以分享他们的经验和看法,增强对企业的认同感和归属感。这种认同感不仅有助于吸引更多的高质量候选人,也有助于提高员工的留存率。在数字化转型的背景下,社交媒体招聘的互动性和参与度为企业带来了新的机遇和挑战。企业需要不断探索和创新,以充分发挥社交媒体在招聘中的潜力,实现人才招聘的数字化转型。

三、移动端招聘工具的开发与使用

(一)移动端招聘工具的优势分析

移动端招聘工具在现代招聘流程中展现出诸多优势,其核心在于极大地提升了招聘管理的灵活性和响应速度。通过这些工具,招聘人员可以在任何时间、任何地点进行招聘管理,这种便利性尤其适合快节奏的商业环境。传统的招聘渠道往往受到时间和地点的限制,而移动端工具则突破了这些限制,使招聘团队能够更迅速地响应市场变化和企业需求。移动端招聘工具的灵活性不仅提高了招聘效率,也使招聘过程更加贴近现代求职者的生活方式。

企业通过移动端招聘工具可以快速发布职位信息,这一功能显著提升了招聘效率。传统的招聘方式通常需要较长的时间来发布和传播职位信息,而借助移动端工具,企业可以即时将职位信息传达到目标候选人群体。这样一来,企业能够吸引更多合适的候选人及时申请职位,从而缩短招聘周期。这种即时性和高效性在竞争激烈的招聘市场中尤为重要,因为它帮助企业在第一时间锁定优质人才,避免因招聘延迟而错失良机。

移动端招聘工具通常集成了即时通知功能,这为招聘团队提供了实时跟进候选人动态的能力。通过即时通知,招聘人员能够在第一时间了解候选人的申请状态、面试反馈及其他重要信息。这种实时的信息流动不仅优化了招聘团队的沟通效率,还确保了招聘过程的顺畅进行。即时通知功能还帮助企业在招聘过程中保持与候选人的持续互动,减少沟通中的信息滞后,从而提高招聘的整体质量和候选人的满意度。

移动端招聘工具支持多种互动形式,如视频面试和在线聊天,这些功能显著增强了候选人与企业之间的互动体验。视频面试打破了地域限制,使企业能够跨地域招聘到全球范围内的优秀人才,而在线聊天功能则为招聘双方提供了一个即时交流的平台。这些互动形式不仅提高了招聘过程的效率,还使候选人能够更好地了解企业文化和职位要求,从而做出更为明智的求职决策。这种增强的互动体验对于提高招聘成功率和候选人满意度起到了关键作用。

(二)移动端招聘工具的开发

在数字化转型过程中,设计移动端招聘工具时应注重用户体验。界面的简洁和直观不仅能够吸引更多的候选人,还能让招聘团队迅速适应新工具,减少学习成本。一个优秀的移动端招聘工具应当使用户在最短的时间内掌握其基本操作,提高招聘效率。此外,良好的用户体验也有助于提升企业形象,吸引更多高质量的候选人。

开发移动端招聘工具时,考虑与现有招聘管理系统的无缝集成同样重要。这种集成不仅能够确保数据的实时同步,还能使信息在不同系统之间高效流转,避免信息孤岛的出现。通过实现系统间的无缝连接,企业可以更好地管理招聘流程,提升整体招聘效率。同时,这种集成也有助于减少人为错误,提高数据的准确性和可靠性,为企业的招聘决策提供坚实的基础。

一个成功的移动端招聘工具必须具备强大的数据分析功能。实时跟踪招聘进度、候选人反馈及市场趋势是现代招聘的核心需求。通过数据分析,企业能够及时调整招聘策略,优化招聘流程。此外,数据分析功能还可以帮助企业识别市场中的人才趋势,为招聘决策提供有力支持。这种以数据为导向的招聘方式,不仅提高了招聘的科学性,还增强了企业在人才市场中的竞争力。

在移动端招聘工具中,增加社交分享功能是扩大招聘信息传播范围的有效手段。通过鼓励用户将职位信息分享到个人社交网络,企业可以大幅提升招聘信息的曝光度。这种方式不仅能够吸引更多潜在候选人,还能通过社交网络的口碑效应提升企业的品牌形象。社交分享功能的引入,不仅丰富了招聘渠道,还为企业在数字化招聘领域的创新提供了新的思路。

（三）移动招聘工具的用户体验设计

良好的用户体验不仅能够吸引更多求职者使用移动招聘工具，还能提高招聘效率。在开发移动招聘工具过程中，直观的导航设计是提升用户体验的关键。直观的导航能够帮助用户轻松找到所需功能，从而提升整体使用效率。开发者应充分考虑用户的操作习惯和使用场景，确保导航的逻辑性和简洁性。通过优化导航设计，用户可以在最短的时间内完成招聘信息的查找和职位申请，进而提升使用体验。

移动招聘工具应提供个性化设置选项，以满足不同用户的需求。个性化设置不仅包括界面布局的调整，还涵盖功能模块的选择。通过允许用户根据个人需求调整界面布局和功能，工具能够更好地适应用户的使用习惯，从而增强用户满意度。个性化设计的核心在于给予用户更多的自主权，使其能够根据自身偏好定制使用体验。这种灵活性不仅提升了用户对工具的依赖度，还能在一定程度上提高招聘的成功率。

集成实时反馈机制是提升移动招聘工具用户体验的重要手段。实时反馈机制允许用户在使用过程中快速提交意见和建议，开发者可以根据这些反馈不断优化工具的使用体验。通过建立有效的反馈渠道，用户的声音能够得到及时响应，这不仅有助于工具的改进，也增强了用户的参与感和信任感。实时反馈机制的实施需要开发者具备敏锐的洞察力和快速反应的能力，以便及时捕捉用户需求并进行调整。

最后，确保移动招聘工具在不同设备和操作系统上的兼容性是不可忽视的环节。随着移动设备的多样化，用户可能在各种环境下使用招聘工具。因此，开发者需要确保工具在不同设备和操作系统上均能顺利运行。这不仅包括对不同屏幕尺寸的适配，还涉及对不同操作系统的功能兼容性测试。通过提高工具的兼容性，用户在使用过程中将减少因设备或系统问题导致的困扰，从而提升整体使用体验。

（四）移动端招聘工具的应用

移动端招聘工具可以实现即时职位更新，确保候选人能够第一时间获取最新的招聘信息。这种即时性不仅提升了招聘的时效性，还增强了企业在激烈的人才市场中的竞争力。在信息瞬息万变的时代，能够迅速传递职位空缺信息的企业往往能够吸引到更为优质的人才。通过移动端招聘工具,企业能够有效地缩短招聘周期,从而在数字化转型的浪潮中占据有利位置。

此外,移动端招聘工具能够推送个性化的职位推荐。这一功能基于候选人的历史申请和浏览记录,利用大数据分析技术实现精准匹配,提高了职位推荐的匹配度和申请转化率。这种个性化的推荐机制不仅提升了候选人的求职体验,也增加了企业与潜在候选人之间的互动频率。通过更为精准的职位推送,企业能够有效地吸引到那些真正符合职位要求的人才,从而提高招聘效率。

移动端招聘工具还支持多种沟通方式,如即时消息和视频面试,这些功能显著增强了候选人与招聘团队之间的互动,提升了候选人体验。在传统招聘模式中,沟通的时效性和灵活性往往受到限制,而移动端工具的应用则突破了这些限制。即时消息功能允许招聘人员与候选人进行实时沟通,解决信息不对称的问题;视频面试则为双方提供了一个更为直观的交流平台,节省了时间和成本。这些功能的集成使得招聘过程更加高效和人性化。

最后,利用移动端招聘工具,企业可以收集和分析候选人行为数据,从而优化招聘策略,提升招聘效率和效果。通过对候选人浏览习惯、申请行为等数据的分析,企业能够更好地了解候选人的偏好和需求,从而制定更具针对性的招聘策略。这种数据驱动的招聘方式在数字化转型过程中尤为重要,因为它能够帮助企业在快速变化的市场环境中保持敏捷性和竞争力。通过不断优化招聘流程,企业能够更有效地吸引和留住人才,为组织的发展提供坚实的人力资源支持。

四、视频面试平台的集成与管理

(一)视频面试平台的选择与整合策略

在选择视频面试平台时,其兼容性与稳定性是关键考量因素。理想的平台应能在各种设备和网络环境下保持流畅运行,从而有效避免因技术故障而影响面试体验。兼容性不仅体现在设备之间的互通性,还包括对不同操作系统和浏览器的支持,确保候选人和面试官都能获得一致的使用体验。此外,稳定性是保证面试顺利进行的基础,尤其是在网络波动较为频繁的情况下,平台的抗干扰能力显得尤为重要。

安全性和隐私保护措施也是选择视频面试平台时不可忽视的评估标准。随着信息技术的发展,网络安全问题日益突出,企业在使用视频面试平台时必须确保候选人和企业的数据安全。平台需具备完善的加密技术和访问控制措施,以防止信息泄露和网络攻击。同时,平台提供的数据存储和传输服务应符合相关法律法规,确保在保护隐私的前提下进行数据处理。这不仅是对候选人隐私权的尊重,也是企业自身声誉的保障。

功能的多样性是选择视频面试平台的重要考量因素。优秀的视频面试平台应具备录制、回放和实时反馈等多种功能,以提升面试的灵活性和有效性。录制功能可以帮助招聘团队在面试后进行详细评估,回放功能则方便不同时间段的复审和讨论。实时反馈功能则有助于在面试过程中及时调整策略,提高面试的互动性和针对性。这些功能的集成使得招聘团队能够更全面地了解候选人,从而做出更为准确的招聘决策。

将视频面试平台与现有招聘管理系统进行整合,是提升招聘流程效率的有效途径。通过整合,企业可以实现数据的无缝流转,减少重复录入的工作量,提高信息处理的准确性和及时性。整合后的系统能够提供实时的招聘数据监控和管理功能,使招聘团队能够快速响应变化,优化招聘策略。此外,整合还可以为企业提供更全面的数据分析支持,帮助企业在数字化转型过程中不断完善招聘流程,提升整体人力资源管理水平。

(二)视频面试技术的应用

视频面试技术为企业提供了灵活的面试时间安排,大大提高了招聘过程的便利性。候选人和招聘团队可以根据各自的时间表进行协调,避免传统面试中因时间冲突而导致的延误。这种灵活性使得招聘过程更为高效,并且能够吸引到那些在时间安排上较为紧张的优秀人才。此外,视频面试的便利性还体现在其操作简单、技术支持全面,能够在短时间内完成面试安排,从而加速招聘流程的推进。

通过视频面试,企业能够突破地域限制,在全球范围内招募人才。这一技术打破了传统招聘中地理位置的限制,使得企业可以接触到更多的优秀候选人,提升了人才多样性。这种全球化的招聘方式特别适合那些希望在国际市场上拓展业务的企业。视频面试的普及意味着招聘团队可以不受地理限制地挑选最合适的人才,为企业的全球化战略提供了有力支持。

视频面试技术的实时录制和回放功能,为招聘团队提供了一个重要的工具,以提高面试质量和候选人评估的准确性。面试后的复盘过程可以帮助招聘团队更好地分析候选人的表现,确保评估的全面性和客观性。这种技术手段不仅提高了面试过程的透明度,也为招聘决策提供了更为翔实的参考依据。此外,录制和回放功能还可以用于培训新招聘人员,帮助他们更好地理解企业的面试标准和流程。

视频面试平台通常集成即时聊天功能,使得招聘团队可以在面试过程中与候选人进行实时沟通。这种互动性不仅增强了候选人的参与感,还可以帮助招聘人员更全面地了解候选人的沟通能力和应变能力。即时聊天功能的存在使得面试过程更加生动和富有成效,能够及时解决面试中出现的问题,提升面试体验。通过这种方式,企业可以更好地展示其对候选人的重视,增强企业的吸引力。

(三)视频面试过程的数据安全与隐私保护

在视频面试过程中,确保通信内容的安全性至关重要。采用端到端加密技术可以有效保护候选人和招聘团队之间的通信内容,防止数据被未授权访问。这种加密技术能够在信息传输的每个阶段提供保护,确保只有发送方和接收方能够解读信息内容,从而有效防止信息在传输过程中的泄露和篡改。

除了加密技术,建立严格的数据存储和访问控制政策也是保障视频面试数据安全的关键措施。企业需要制定明确的政策,确保只有经过授权的人员才能访问面试记录和候选人信息。通过角色分配和权限管理,企业可以有效降低数据泄露的风险。此外,面试数据的存储需要采用安全的存储技术和加密措施,以防止未经授权的访问和数据泄露。

为了确保视频面试平台的持续安全性,定期进行安全审计和漏洞评估是必不可少的。通过这些措施,企业可以及时识别和修复潜在的安全隐患,确保平台的安全性和稳定性。安全审计可以帮助企业全面了解平台的安全状态,而漏洞评估则可以帮助企业发现系统中的薄弱环节,从而采取有效措施进行修补,防止安全事件的发生。

企业还应向候选人提供清晰的信息,说明其个人数据的使用方式和隐私保护措施。通过透明的信息披露,企业可以增强候选人的信任感和参与意愿。候选人知晓其数据如何被使用及采取了哪些保护措施,可以减少对隐私泄露的担忧,从而提高对视频面试平台的接受度和参与积极性。这不仅有助于提升企业的招聘效率,也能树立良好的企业形象。

(四)视频面试平台的用户体验与优化方法

视频面试平台的界面设计需要特别关注,确保界面简洁直观,从而提升用户的操作便利性和面试体验。一个良好的界面设计不仅能够减少候选人的学习成本，还能提高招聘团队的效率。为此，界面设计应遵循用户界面设计的最佳实践，确保用户在使用过程中能够轻松找到所需功能，从而专注于面试内容本身。

为了扩大潜在候选人的覆盖面，视频面试平台应提供多种语言支持和无障碍功能。这一措施确保了不同背景的候选人都能顺利参与面试，体现了企业对多元化和包容性的重视。通过支持多语言界面，企业能够吸引来自全球的优秀人才，同时无障碍功能的引入则为有特殊需求的候选人提供了便利。这种多样化的支持不仅提高了候选人的参与度，也增强了企业的品牌形象。

集成实时反馈机制是优化视频面试平台的一项重要措施。允许候选人在面试过程中提交意见和建议，可以帮助招聘团队及时调整面试流程和内容。通过这样的反馈机制，企业能够迅速识别并修正面试过程中的不足之处，提升候选人的整体体验。这种互动性不仅有助于改善面试流程，还能为招聘团队提供宝贵的数据支持，以便在未来的招聘活动中做出更为精准的决策。

定期进行用户体验测试是确保视频面试平台持续改进的关键。通过收集用户反馈，招聘团队可以不断优化平台功能和服务，以更好地适应招聘团队和候选人的需求。用户体验测试能够揭示平台在实际使用中的问题，并为解决这些问题提供方向。通过这种持续的改进过程，视频面试平台能够保持其竞争力，确保在数字化招聘渠道中发挥最大效用。

第二节　人员选拔与测评的数字化转型

一、人工智能在人员选拔中的应用

（一）人工智能驱动的简历筛选与匹配

人工智能技术通过自然语言处理分析简历内容，大幅提高了筛选效率。这种分析方法能够快速识别和提取与职位相关的关键信息，如技能、经验和教育背景，从而减少人工筛选的时间成本。通过自动化的简历筛选过程，企业可以迅速缩小候选人范围，将人力资源部门的精力集中于高潜力候选人上，从而提升招聘效率。

人工智能驱动的匹配系统不仅可以进行简历筛选，还能根据职位要求和候选人技能进行智能匹配。通过对职位描述和候选人简历的深度分析,该系统可以识别二者之间的匹配度,从而提高招聘的精准度。智能匹配系统能够自动识别候选人是否具备岗位所需的特定技能和经验,帮助招聘人员做出更为明智的决策,降低招聘错误的风险。

使用人工智能进行简历筛选的另一个显著优势在于其能够减少或避免潜在的偏见。传统的招聘过程难免会受到人为偏见的影响,而人工智能系统通过标准化的评估机制,确保候选人评估更加公平和客观。人工智能工具能够根据预设的标准化参数进行筛选,避免了因性别、年龄、种族等因素导致的偏见,使招聘过程更具包容性和多样性。

人工智能系统的实时更新和学习能力也是其重要特点之一。通过不断的自我学习和优化,人工智能能够从历史招聘数据中汲取经验,优化筛选算法,持续提升匹配效果。随着招聘环境和职位要求的变化,人工智能系统能够快速适应并做出相应调整,确保其推荐结果的准确性和时效性。

最后,人工智能驱动的简历筛选工具能够处理海量数据,支持企业快速应对高峰招聘需求。在招聘旺季或大规模招聘活动中,人工智能技术能够迅速筛选出符合条件的候选人,减少招聘周期,提高整体招聘效率。通过大幅度降低人工筛选的工作量,人工智能技术不仅提升了招聘速度,还为企业节省了人力资源成本,进一步增强了企业在数字化时代的竞争力。

(二)智能化面试问题生成

利用先进的自然语言处理技术,智能化面试问题生成系统能够从职位描述和候选人简历中提取关键信息,自动生成针对性的面试问题。这不仅提高了面试的针对性和有效性,还使招聘过程更加高效。传统的面试问题往往依赖于面试官的经验和直觉,而智能化工具通过数据驱动的方式,确保每个问题都与职位要求高度相关。这种方法不仅减少了人为偏见的影响,还为招聘团队节省了大量的时间和精力。

智能化面试问题生成系统的另一个显著优势在于其实时更新能力。随着市场趋势和技能需求的不断变化,系统能够动态调整问题库,以确保面试问题的前瞻性。这种灵活性使招聘团队能够快速适应行业变化,保持竞争力。通过对最新市场数据的分析,系统可以识别出新兴技能和趋势,并将其融入面试问题中。这不仅帮助企业在招聘中识别出未来的潜力股,也为候选人提供了展示最新技能的机会,提升招聘的整体质量。

此外，智能化面试问题生成系统能够分析候选人的回答，并自动生成后续问题，提升面试的互动性和深入性。这种动态生成问题的能力使面试过程更加流畅和自然。通过对候选人回答的实时分析，系统能够识别出需要深入探讨的领域，从而提出更具深度的问题。这种互动性不仅帮助招聘团队更全面地评估候选人的能力和适配性，也让候选人感受到面试的专业和严谨，提升企业的雇主品牌形象。

智能化面试问题生成工具还支持多语言功能，为不同语言背景的候选人提供定制化问题。这种功能的引入极大地增强了面试的公平性和包容性。在全球化背景下，企业往往需要面对来自不同文化和语言背景的候选人。多语言支持不仅消除了语言障碍，也让候选人能够在熟悉的语言环境中更好地展现自己。这种对多样性的尊重和包容不仅有助于吸引更多优秀人才，也体现了企业对多元文化的重视和承诺。

（三）人工智能在人岗匹配中的优化

通过分析候选人的技能、经验和职业背景，人工智能系统能够自动生成与职位要求相匹配的候选人推荐列表，显著提升招聘效率和精准度。这种自动化匹配不仅减少了人力资源部门在初步筛选阶段的工作量，还提高了候选人筛选的客观性和一致性。随着企业对人才需求的不断变化，人工智能系统的灵活性和适应性使其成为招聘过程中必不可少的工具，尤其是在大规模招聘或需要快速响应市场变化的情况下。

人工智能系统通过分析历史招聘数据和市场趋势，持续优化人岗匹配算法，确保企业能够在招聘中获得最符合需求的人才。这种数据驱动的方法使得招聘过程更加科学和高效，减少了传统招聘方式中可能出现的主观偏见和误判。同时，人工智能的使用还能够帮助企业识别出潜在的人才池，提供更广泛的候选人选择范围。通过对比不同历史时期的数据，人工智能系统可以识别出哪些技能和背景在特定行业或职位中最为重要，从而为未来的招聘策略提供依据。

机器学习技术的引入，使得人工智能在人岗匹配中的能力得到了进一步提升。人工智能系统能够不断学习和调整匹配模型，以适应不同招聘周期中的变化。这种动态调整能力在快速变化的市场环境中尤为重要，确保企业始终能够找到最合适的候选人。随着时间的推移，人工智能系统能够积累大量的招聘数据，通过分析这些数据，人工智能可以识别出招聘过程中的关键成功因素，并据此优化匹配策略。这种持续的学习和优化过程，使得人工智能在人岗匹配中始终保持高效和准确的能力。

人工智能的优势还在于其能够整合多种数据来源,包括社交媒体、职业网络和在线评估结果,从而对候选人进行全面评估。这种多维度的数据整合提升了匹配的全面性和有效性,使得招聘人员能够更全面地了解候选人的潜力和适配性。通过对社交媒体和职业网络的分析,人工智能可以识别出候选人的软技能(软技能就是激活人资的能力,即是调动别人的资源和知识的能力以及调动自己知识进行创造性思维的能力)和职业倾向,而在线评估结果则为其提供了硬性技能的验证。这种综合评估方法为企业提供了更为准确和全面的人才画像,从而在招聘决策中提供更有力的支持。

在招聘过程中,人工智能不仅能够实时监控招聘效果,还通过数据分析提供反馈,帮助企业及时调整招聘策略和标准。通过对招聘过程的每个环节进行数据分析,人工智能能够识别出可能的瓶颈和改进机会,从而为招聘团队提供具体的优化建议。这种实时反馈机制不仅提高了招聘的成功率,还帮助企业更好地理解市场动态和候选人需求。通过不断调整和优化招聘策略,企业能够在竞争激烈的人才市场中保持优势地位,确保能够吸引和留住最优秀的人才。

二、大数据驱动的人员选拔决策

(一)动态数据分析与人才库管理

大数据技术能够实时监测和评估人才库中的候选人信息,这种实时性使企业能够快速识别出符合岗位要求的候选人,从而提高招聘效率。这一过程不仅加快了招聘周期,还提升了人力资源部门对市场变化的反应速度。在数字化的背景下,企业通过大数据技术将来自不同渠道的候选人信息进行整合,实现数据的集中管理和高效利用。这样,企业不仅能有效地管理现有的人才资源,还能在需要时迅速获取并分析新的人才信息。

通过大数据驱动的人才库管理,企业能够全面掌握市场上人才的动态变化。动态数据分析揭示了人才市场的趋势和变化,使企业能够及时调整招聘策略,以适应不断变化的市场需求。这种灵活性对于企业在竞争激烈的市场中保持优势至关重要。此外,动态数据分析还可以帮助企业识别出人才流失的风险,从而提前采取措施留住关键人才。这种预见性使企业能够在人员配置上进行优化,确保在关键时刻有足够的人力资源支持业务发展。

　　在实践中,利用动态数据分析,企业不仅可以评估内部人才的能力和发展潜力,还能通过外部市场数据的分析,识别出行业内的优秀人才。这种内外结合的分析方法,使企业在人才选拔上更具战略性和前瞻性。企业通过对数据的深度挖掘,能够发现潜在的人才需求和市场缺口,为未来的人才战略奠定基础。动态数据分析的应用,不仅提升了企业的人才选拔决策能力,也推动了人力资源管理的整体数字化转型。

　　动态数据分析与人才库管理的结合,为企业提供了一个全面而精准的人才管理视角。在这个视角下,企业可以更好地理解人才的价值和潜力,制定出更为合理的人才发展计划。通过对数据的持续分析和应用,企业能够在不断变化的市场环境中保持灵活性和竞争力。这种数据驱动的管理模式,不仅提高了企业的招聘效率,还为人力资源管理的未来发展提供了新的思路和方向。

(二)数据驱动的决策模型构建

　　在数字化转型的背景下,构建基于数据分析的人才评估模型,可以对候选人的能力和潜力进行综合评估。此类模型依托于量化指标,能够提供更为客观的分析,支持企业在选拔决策中做出更为科学的判断。传统的选拔方式往往依赖于主观判断,而数据驱动的模型则通过客观数据进行分析,减少了人为偏见的影响。这种方法不仅提高了选拔的效率,还增强了选拔的准确性,为企业选拔到合适的人才提供了坚实基础。

　　利用机器学习算法对历史招聘数据进行分析,是优化人员选拔过程的关键手段之一。通过对以往招聘数据的深度挖掘,企业可以识别出最有效的招聘渠道和策略。这一过程涉及对大量数据的整理与分析,机器学习算法能够从中提取出潜在的模式和规律,从而为未来的招聘活动提供指导。例如,通过分析不同渠道的招聘效果,企业可以优化资源分配,集中投入到高效的招聘渠道,提升招聘成功率。这种数据驱动的策略调整不仅节约了时间和成本,还提高了整体招聘的质量。

　　建立数据驱动的绩效预测模型,是招聘决策中不可或缺的一环。通过分析候选人的背景数据与岗位绩效之间的关系,可以为招聘决策提供有力依据。绩效预测模型利用大数据技术,能够在招聘阶段预测候选人在具体岗位上的表现。这种预测能力使得企业在招聘过程中可以更有针对性地选择候选人,确保其能够胜任未来的工作任务。通过这种方式,不仅可以减少招聘风险,还能提高新员工的入职成功率和长期留任率。

实时数据监控与反馈机制的实现,确保了招聘过程中的数据能够及时更新和分析。这一机制的核心在于数据的动态性和及时性,能够使企业在招聘过程中迅速调整选拔策略和标准。通过实时监控,企业可以随时掌握招聘市场的变化,及时响应外部环境的变化。这种灵活性为企业在竞争激烈的人才市场中赢得优势提供了保障。此外,即时的反馈机制也有助于招聘团队不断优化流程,提高整体招聘效率和效果。这种动态调整能力在快速变化的商业环境中显得尤为重要。

三、人员在线测评系统的设计与实施

(一)在线测评系统的架构

在线测评系统的设计需要综合考虑功能模块、用户管理、技术架构及数据分析等方面。功能模块设计是在线测评系统的核心,涵盖题库管理、测评任务分配、结果分析和报告生成等多个模块。这些模块共同支持全面的人才评估流程,使招聘过程更加高效和科学。题库管理模块负责维护和更新测评题目,确保题目的多样性和时效性;测评任务分配模块根据不同职位需求,合理分配测评任务;结果分析和报告生成模块则通过对测评数据的处理,为招聘决策提供依据。

用户管理功能是在线测评系统的另一重要组成部分,确保不同角色(如管理员、考生、评估者)能够根据其权限访问相应的功能和数据。管理员负责系统配置和用户权限管理,考生可以领取并完成测评任务,评估者则对考生的测评结果进行分析和反馈。通过精细化的用户权限管理,系统能够有效保障数据的安全性和保密性,同时提高操作的便利性。

在线测评系统的技术架构设计采用云计算和大数据技术,以确保系统的高可用性、可扩展性和数据安全性。云计算技术支持系统在高峰期也能稳定运行,并能根据需求灵活扩展资源;大数据技术则为系统提供了强大的数据处理能力,使得海量测评数据的实时分析成为可能。数据安全性是系统设计的重中之重,通过多层次的安全防护措施,系统能够有效防范数据泄露和非法访问。

题目类型的多样化设计是在线测评系统的一大特色,包括选择题、开放性问题、情境模拟等多种形式,以全面评估候选人的各项能力。选择题可以快速测评考生的基础知识和逻辑思维能力,开放性问题则考查考生的表达能力和创造性思维,情境模拟更是对考生实际操作能力和应变能力的综合考验。通过多样化的题目类型设计,系统能够更准确地评估候选人的综合素质。

在线测评系统的数据分析功能通过实时数据监测和智能分析，提供对候选人表现的深度洞察，支持招聘决策的科学性。系统能够实时追踪考生的测评进度和表现，并通过智能算法分析考生的答题数据，生成详细的测评报告。这些报告不仅包括考生的分数，还提供对其能力的多维度分析，帮助招聘人员做出更为精准的用人决策。通过这些功能，在线测评系统在数字化转型中发挥着不可或缺的作用。

(二)在线测评系统的测评方案设计

在线测评系统需要根据不同岗位的具体需求，量身定制个性化的测评方案。这种个性化设计确保了评估内容与岗位技能要求的高度契合，从而提高了测评的有效性和针对性。通过这种定制化的方式，企业能够更精准地识别出适合特定岗位的候选人，提升招聘效率和质量。

在设计测评方案时，必须包含多维度的评估指标。这些指标不仅限于传统的认知能力，还应扩展到情绪智力和团队合作能力等方面，以全面评估候选人的综合素质。认知能力评估可以帮助了解候选人的学习和问题解决能力，情绪智力评估则用于衡量其在压力环境下的适应性和情绪管理能力。团队合作能力评估则有助于判断候选人在团队环境中的表现。这些多维度的评估指标能够提供一个全方位的视角，帮助企业更好地了解候选人的潜力和适配性。

为了适应不同类型的岗位需求，在线测评系统需支持多种测评形式。情境模拟是一种常用的方法，通过模拟真实工作场景来测试候选人的实际操作能力和决策能力；心理测评可以深入了解候选人的性格特征和心理状态；技能测试则直接评估其专业技能水平。这些不同形式的测评手段相结合，使得测评结果更加全面和立体，能够更好地满足企业在不同招聘阶段的多样化需求。

测评方案的设计还需包含合理的评分标准和反馈机制，以确保评估结果的公正性和透明度。评分标准应该基于科学的测评理论，确保其客观性和一致性。同时，反馈机制的设计要能够为候选人提供建设性的意见，帮助其了解自身的优势和不足。这种透明的反馈机制不仅提升了候选人的体验，也为企业的后续决策提供了可靠的依据。

最后，在线测评系统必须具备实时数据分析功能。通过实时分析测评结果，系统可以生成详细的分析报告，为招聘团队提供科学的决策依据。这些分析报告不仅展示了候选人的综合表现，还可以揭示出潜在的能力和发展空间。招聘团队可以根据这些数据做出更加明智的招聘决策，确保选拔出最符合企业需求的人才。这种基于数据驱动的决策过程,不仅提高了招聘的效率,也增强了企业在数字化时代的竞争力。

(三)在线测评系统的安全管理与隐私保护

为确保在线测评系统的安全性,必须采用强加密技术对候选人的个人信息和测评数据进行加密存储和传输。这不仅可以防止信息在传输过程中被截获或篡改,还能有效保护候选人的隐私,防止未经授权的访问。加密技术的选择需根据系统的具体需求和安全标准进行,以取得最佳保护效果。此外,随着技术的发展,持续更新和升级加密算法也是保障信息安全的重要措施之一。

在在线测评系统中,建立严格的用户访问权限控制机制同样至关重要。通过限制只有经过授权的人员才能访问和操作敏感数据,可以大大降低数据泄露的风险。这种控制机制需要从系统设计阶段就开始考虑,并在实施过程中不断完善。具体措施包括设定不同的用户角色和权限级别,定期审核用户访问日志,以及在发现异常活动时及时响应。通过这些措施,企业可以有效地管理和监控对敏感信息的访问,确保数据的安全性。

定期进行安全审计和漏洞评估是维护在线测评系统安全性和稳定性的另一重要策略。安全审计可以帮助企业识别系统中的潜在安全隐患,而漏洞评估则为及时修复这些隐患提供了依据。通过定期的审计和评估,企业能够保持对系统安全状态的清晰认识,并在必要时采取补救措施。这不仅能提高系统的安全性,还能增强企业对外部威胁的防御能力,确保在线测评过程的顺利进行。

为增强候选人的信任感,企业有必要向候选人提供透明的数据使用政策。这意味着企业需要明确说明其个人信息的采集、存储和使用方式,并确保这些信息仅用于合法和合理的目的。通过制定详细的数据使用政策并向候选人公开,企业可以有效地消除候选人的疑虑,增强其对在线测评系统的信任。同时,这也有助于企业在法律合规方面的表现,避免因数据使用不当而引发的法律纠纷。

最后,实施数据备份和恢复机制是确保测评数据完整性和可恢复性的关键步骤。无论是由于系统故障还是其他不可预见的事件导致的数据丢失,备份和恢复机制都能提供有效的保障。企业应制定详细的数据备份计划,定期备份测评数据,并进行恢复演练,以确保在需要时能够迅速恢复数据。这不仅保护了企业的核心数据资产,也保障了在线测评系统的连续性和可靠性。

第三节　人员培训与发展的数字化转型

一、人员培训需求的数字化识别

（一）培训需求预测模型

利用数据分析技术，企业能够识别员工当前技能与岗位要求之间的差距，从而确定培训需求的优先级。这一过程不仅提高了培训资源的利用效率，还确保了员工技能的持续更新和提升。数据分析技术的应用使得企业可以从海量数据中提取有价值的信息，帮助管理层做出更为精准的决策。通过对员工技能和岗位要求的全面分析，企业能够制定出更具针对性的培训计划，促进员工的职业发展和企业的整体竞争力。

构建动态培训需求预测模型是实现数字化转型的关键步骤。此类模型能够实时更新员工技能数据，快速响应市场变化和企业战略调整。动态模型的优势在于其灵活性和适应性，能够根据内部和外部环境的变化及时调整培训策略。通过持续监控员工的技能水平和市场需求，企业可以在第一时间识别新的培训需求并迅速采取行动。这种动态调整能力使企业在快速变化的市场中始终保持竞争优势，同时为员工提供更为丰富的培训机会。

整合内部员工绩效数据与外部市场趋势是预测未来技能需求的重要手段。通过这种整合，企业能够为培训计划提供坚实的数据支持。内部绩效数据可以揭示员工当前的技能水平和发展潜力，而外部市场趋势则提供了行业发展的方向和热点技能需求。结合这两者的信息，企业可以制定出既符合员工个人发展需求，又契合市场趋势的培训计划。这种数据驱动的决策方式不仅提高了培训的针对性，还增强了企业在行业中的竞争力。

利用员工反馈和培训效果评估数据，可以有效优化培训需求预测模型的准确性和有效性。员工反馈提供了关于培训内容和形式的直接意见，而培训效果评估则展示了培训的实际效果和改进空间。通过对这些数据的深入分析，企业能够识别出培训计划中的不足之处并进行相应调整。不断优化的预测模型不仅提高了培训的有效性，还提升了员工的满意度和参与度，为企业的数字化转型提供了有力支持。

通过机器学习算法分析员工的职业发展路径，可以预测其未来的培训需求，支持个性化的职业发展规划。机器学习算法能够从大量历史数据中识别出影响员工职业发展的关键因素,并预测其未来的发展方向。基于这些预测,企业可以为员工制定个性化的培训计划,帮助其实现职业目标。这种个性化的培训策略不仅提升了员工的技能水平和职业满意度,还增强了企业的人才保留率和整体竞争力。在数字化转型的背景下,个性化的职业发展规划成为企业吸引和留住优秀人才的重要手段。

(二)人才技能差距评估与个性化培训需求挖掘

在数字化转型的背景下,人员培训需求的识别和满足变得更加精准和高效。数字化平台在人力资源管理中发挥着重要作用,尤其是在人才技能差距评估与个性化培训需求挖掘方面。通过先进的数据分析技术,企业能够识别员工在特定技能领域的不足,从而制定有针对性的培训计划。这一过程不仅提升了培训的有效性,还确保了员工技能的持续提升,以应对快速变化的市场需求。

数字化平台利用在线评估工具,使企业能够实时监测员工的技能水平。这种实时监测能力允许企业根据员工的实际表现及时调整培训内容和方向,以满足不断变化的业务需求。这种灵活性确保了培训的相关性和实效性,避免了资源的浪费,并提高了培训投资的回报率。通过这种方式,企业能够更好地支持员工的职业发展,增强其在职场中的适应能力。

个性化学习路径的设计是数字化平台的另一大优势。根据员工的职业发展目标和技能差距,数字化平台能够提供定制化的培训方案。这种个性化的培训方案不仅提高了员工的学习兴趣和参与度,还能有效缩短技能提升的周期。通过对员工个体需求的深入挖掘,企业能够更好地支持员工的职业成长,同时也为企业培养出更具竞争力的人才。

此外,数据挖掘技术的应用使企业能够识别出行业内的新兴技能要求,提前布局培训资源。这种前瞻性的培训规划不仅提升了员工的市场竞争力,也增强了企业在行业中的竞争优势。通过对大数据的有效利用,企业能够动态调整培训策略,以适应外部环境的变化和内部发展的需要。这种动态调整能力是企业在数字化时代保持竞争力的关键。

最后,数字化平台还具备整合内部和外部培训资源的能力。通过优化培训内容,企业能够确保员工接受到最适合其发展的培训。这种资源整合能力不仅提高了培训的质量,还降低了培训的成本。通过与外部培训机构的合作,企业能够引入最新的行业知识和技能,使员工始终处于行业发展的前沿。这种内外部资源的整合为企业在数字化转型中提供了强有力的支持。

二、数字化人员培训平台的构建

(一)基于人工智能的智能培训平台构建

智能培训平台凭借其强大的数据处理能力和智能化的分析功能,能够为企业提供高效、精准的培训解决方案。平台的构建应充分考虑个性化学习路径的设计,利用人工智能技术分析员工的技能水平和职业发展目标,推荐定制化的培训内容和学习资源。通过这种方式,企业能够更好地满足员工的个性化需求,提高培训的针对性和有效性。

智能培训平台不仅要具备个性化学习路径设计功能,还需集成实时数据分析功能,以便监测员工的学习进度和培训效果。通过对学习数据的实时分析,平台能够及时识别员工在学习过程中遇到的困难,并根据分析结果调整培训策略和内容。这种动态调整机制可以确保培训内容始终与员工的实际需求和企业的发展目标保持一致,提高培训的效率和效果。此外,实时数据分析还能帮助管理层更好地评估培训投资的回报率,优化资源配置。

在构建智能培训平台时,支持多种学习形式是提升员工学习体验的重要因素。平台应提供丰富的学习方式选择,包括在线课程、互动研讨和虚拟实境培训等,以满足不同员工的学习需求和偏好。多样化的学习形式不仅能增强员工的学习兴趣,还能促进知识的深度理解和应用。尤其是在全球化背景下,虚拟实境培训能够打破时间和空间的限制,为员工提供身临其境的学习体验,提升跨文化沟通和协作能力。

用户体验是影响智能培训平台成功与否的关键因素之一。在平台设计时,需要注重界面的友好性和使用的便捷性,以提高员工的参与度和学习积极性。界面设计应简洁直观,操作流程应尽可能简化,让员工能够轻松找到所需的学习资源和功能模块。此外,平台还应提供个性化的学习反馈和激励机制,激发员工的学习动力,推动其持续学习和自我提升。通过优化用户体验,企业可以更有效地实现培训目标,推动组织的整体发展。

(二)平台数字化学习内容的开发与管理

数字化培训平台通过开发多样化的学习内容,满足员工的个性化学习需求。

这不仅提升了培训的全面性,还增强了培训的有效性。数字化学习内容的多样性使得员工可以根据自身的职业发展方向和兴趣选择合适的学习路径,进一步激发其学习的主动性和创造性。

在数字化学习内容的开发过程中,建立一个高效的内容管理系统至关重要。该系统应对学习资源进行系统化的分类与更新,以确保员工能够方便地获取最新的培训材料和课程信息。通过这种方式,企业可以保持培训内容的时效性和相关性,避免员工在学习过程中接触到过时的信息。此外,内容管理系统还可以跟踪员工的学习进度和效果,为企业提供数据支持,以便优化培训策略和内容。

为了丰富平台的学习内容,企业可以整合外部优质学习资源,与行业专家和培训机构合作。这种合作不仅可以引入最新的行业知识和技能,还能确保培训的前瞻性和实用性。通过与外部资源的整合,企业能够为员工提供更为广泛和深入的学习机会,帮助他们在快速变化的数字化环境中保持竞争力。此外,外部资源的引入也为企业内部培训团队提供了宝贵的学习和借鉴机会,推动内部培训能力的提升。

(三)平台个性化学习路径的设计与实现

通过分析员工技能评估结果,数字化人员培训平台可以为每位员工量身定制学习路径。这种方法确保了员工在其职业发展中能够获得最密切的培训内容,从而提高其工作效率和职业满意度。个性化学习路径不仅关注员工当前的技能水平,还考虑其未来的发展潜力和职业规划,使培训内容更具针对性和实用性。

为了进一步提升个性化学习路径的有效性,平台引入自适应学习技术。该技术能够根据员工的学习进度和反馈,实时调整学习路径。这种动态调整机制不仅提高了学习效果,还显著提升了员工的参与度。通过实时反馈和调整,员工在学习过程中能够获得即时支持和指导,保持学习动力和兴趣。这种灵活的学习方式也使培训能够更好地适应快速变化的商业环境。

此外,平台整合了多种学习资源,包括在线课程、实践项目和导师指导,以提供多样化的学习体验。这种多样化的学习方式能够满足不同员工的需求,使他们在学习过程中能够接触到丰富的知识和技能。通过结合理论与实践,员工可以更好地将所学应用于实际工作中,提升综合能力。导师的指导也为员工提供了宝贵的经验分享和职业建议,进一步促进职业发展。

为了确保个性化学习路径的持续优化,建立学习成果评估机制是必不可少的。通过定期评估学习效果,企业能够及时发现培训中的不足之处并进行调整。

这种持续评估和优化的过程不仅确保了培训的有效性,还提高了其适应性。通过不断的改进,个性化学习路径能够更好地支持员工的职业发展,帮助企业在数字化转型中保持竞争优势。

(四)平台培训结果的量化评估与反馈机制

在数字化转型的背景下,数字化培训平台需要建立量化评估指标,通过设定明确的 KPI 来评估培训效果。这些指标不仅可以帮助企业评估培训的有效性,还能确保培训目标的实现。KPI 的设定应当与企业的战略目标紧密结合,确保培训为企业创造实际价值。同时,KPI 的选择需要考虑培训内容的多样性和复杂性,以确保评估的全面性和准确性。

为了进一步提升培训的效果,实施培训后的反馈机制是必不可少的。定期收集员工对培训内容、形式和效果的反馈,可以帮助企业及时调整和优化培训方案。反馈机制不仅有助于识别培训中的不足之处,还能为后续的培训设计提供参考。通过员工的反馈,企业可以更好地理解员工的需求和期望,从而在培训内容和方法上做出相应的调整,以提高培训的实际效果。

此外,利用数据分析工具对培训结果进行深度分析也是数字化培训平台的一大优势。通过数据分析,可以识别培训对员工绩效提升的具体影响。这种分析不仅可以量化培训效果,还能为后续培训提供数据支持。企业可以发现哪些培训模块对员工的绩效提升最为显著,从而在未来的培训中加以强化。同时,数据分析也有助于识别不同员工群体的培训需求差异,为个性化培训提供依据。

最后,建立培训成果的可视化报告系统是提升管理层对培训价值认知的重要手段。通过图表和数据展示培训效果,可以帮助管理层直观了解培训的价值和成效。可视化报告不仅可以展示培训的整体效果,还能细分到具体的培训模块和员工群体,使管理层能够更精准地进行决策。通过这种方式,企业可以更好地向管理层和其他利益相关者展示培训的投资回报率,从而获得更多的支持和资源投入。

三、人员培训内容的数字化管理与优化

(一)数字化培训内容的动态更新

随着行业技术的迅猛发展,企业必须建立有效的动态更新机制,以确保培训

内容能够紧跟行业最新趋势。这一机制不仅有助于满足员工的学习需求,还能提高企业整体的竞争力。通过引入灵活的更新策略,能够使员工在面对市场变化时具备必要的技能和知识储备。

为了确保培训内容的相关性和有效性,企业需要定期评估和审核现有的培训材料。这一过程应基于员工反馈和学习效果数据,通过持续优化课程内容来保持其吸引力和实用性。员工的反馈提供了宝贵的第一手信息,使企业能够识别出培训中的不足之处,并进行相应的调整。通过这种方式,企业不仅提升了培训的质量,还增强了员工的参与感和满意度。

引入用户生成内容功能是促进培训内容多样化和实时更新的有效手段。通过鼓励员工分享个人的学习经验和资源,企业可以丰富培训材料的内容。这种互动不仅激发了员工的创造力和主动性,还为其他员工提供了多样化的学习视角。UGC 的应用有助于构建一个知识共享的企业文化,使员工在互相学习中共同进步。

数据分析工具的使用能够帮助企业监测培训内容的使用情况,从而识别出最受欢迎和有效的模块。这些工具通过收集和分析数据,为企业提供了关于培训内容使用频率和效果的详细信息。基于这些数据,企业可以进行针对性的改进,进一步提升培训的效率和效果。通过精准的数据分析,企业能够更好地满足员工的个性化学习需求,实现培训资源的合理配置和优化。

(二)多元化数字学习资源的整合

在数字化转型的背景下,企业的人力资源管理面临着新的挑战和机遇。多元化数字学习资源的整合成为提升人员培训效果的关键。企业需要整合内部培训资源,确保员工能够方便地访问公司内部的学习材料和课程。这种整合不仅提高了培训的有效性和参与度,还能通过集中资源,减少重复劳动和资源浪费。通过数字化平台,员工可以随时随地进行学习,这种灵活性是传统培训方式无法比拟的。同时,整合内部资源也有助于打造企业专属的知识库,形成独特的竞争优势。

为了进一步丰富培训内容,企业应积极引入外部优质学习资源,与知名教育机构和行业专家合作。这种合作能够为企业注入最新的行业知识和技能,帮助员工提升技能水平和市场竞争力。通过外部资源的引入,企业可以有效弥补内部资源的不足,拓宽员工的视野,激发创新思维。在选择外部资源时,企业应注重资源的质量和与企业需求的契合度,以确保培训的针对性和有效性。

在线学习平台的利用是数字化转型的重要组成部分。这些平台可以汇集多种学习形式,如视频课程、互动研讨和模拟练习,满足不同员工的学习需求和偏好。通过多样化的学习形式,员工可以根据自己的学习习惯和兴趣选择合适的学习方式,从而提高学习效率和效果。在线平台还可以提供个性化的学习路径和进度跟踪功能,帮助员工更好地掌握学习内容,实现学习目标。

建立学习资源共享机制是促进知识传播和交流的重要途径。企业应鼓励员工之间分享学习材料和经验,通过这种互动,员工可以互相学习、取长补短,提升团队的整体素质。共享机制的建立不仅可以提高学习资源的利用率,还能增强员工的归属感和团队合作精神。在此过程中,企业可以通过设置奖励机制,激励员工积极参与资源共享,形成良好的学习氛围。

最后,定期评估和更新学习资源是确保培训内容相关性和时效性的关键。企业应根据行业变化和员工反馈,及时调整和优化培训内容,以持续提升培训效果。这种动态调整不仅能够保持培训的前瞻性,还能提高员工的参与度和满意度。通过不断更新学习资源,企业可以确保员工始终掌握最新的知识和技能,保持在行业中的竞争优势。

(三)基于用户反馈的内容持续优化和改进

在数字化转型的背景下,建立定期的用户反馈收集机制是确保培训内容及时反映员工的需求和期望的关键。这不仅有助于提升培训的针对性,还能增强员工的参与感和满意度。用户反馈的收集可以通过多种渠道进行,包括调查问卷、在线讨论和一对一访谈等。这些多样化的渠道不仅提高了反馈的全面性,也为培训内容的调整提供了丰富的数据支持。

分析用户反馈数据是优化培训内容的核心步骤。通过对收集到的反馈进行系统性分析,企业可以识别出培训内容中存在的不足之处,并制定相应的改进措施。这一过程涉及对反馈信息的分类、整理和深入分析,以确定哪些方面需要改进及如何进行改进。这种基于数据驱动的决策方式,不仅提高了培训内容的精准度,也确保了培训与企业战略目标的高度一致性。

评估培训内容的有效性是确保培训目标实现的重要环节。用户反馈在这一过程中发挥着至关重要的作用。通过反馈,企业能够衡量培训内容是否有效地促进了员工技能的提升,以及是否与预期的培训目标相符。这样的评估机制有助于企业及时调整培训策略,确保员工能够在快速变化的市场环境中保持竞争力。此外,完善的反馈机制也有助于培养员工的学习兴趣和积极性,进一步推动企业的整体发展。

引入多样化的反馈渠道是增强员工参与感和反馈多元性的重要策略。通过多种渠道收集反馈信息,不仅可以覆盖到更多的员工,也能获取到更为全面和多角度的反馈意见。这些渠道包括但不限于调查问卷、在线讨论平台和面对面的访谈交流。多样化的反馈渠道能够有效提高反馈的质量和数量,帮助企业更全面地了解员工的培训体验和需求,从而为培训内容的持续优化提供有力支持。

定期更新和优化培训材料是确保其与行业标准和技术进步保持一致的必要措施。在快速发展的数字化时代,行业标准和技术进步不断变化,培训材料的时效性和相关性显得尤为重要。通过定期审查和更新培训材料,企业可以确保其培训内容始终处于行业的前沿,满足员工不断变化的学习需求。这不仅提升了培训的有效性,也增强了企业在市场中的竞争力。通过这种持续的优化过程,企业能够在数字化转型中实现人员培训与发展的双赢局面。

四、数字化时代的职业生涯管理

(一)个性化职业路径规划的数字化

在数字化时代,职业路径规划应基于员工的技能评估结果,确保培训内容与员工的职业目标和市场需求高度契合。通过对员工技能的系统评估,企业可以识别出员工的优势和不足,从而制定出更具针对性的职业发展计划。这种基于数据驱动的方法不仅提高了培训的有效性,也增强了员工的职业发展满意度。

数字化平台的应用为职业路径规划提供了新的可能性。利用先进的数据分析技术,企业能够识别员工的职业发展潜力,并提供个性化的职业发展建议和培训计划。这些平台通过收集和分析员工的工作表现、学习记录等数据,精准定位员工的发展需求,提供相应的建议。这种数据驱动的职业发展规划,不仅提高了员工的职业发展效率,也使企业能够更好地利用人力资源,实现组织目标。

人工智能技术的应用为职业路径规划带来了革命性的变化。通过构建动态职业路径模型,企业可以实时更新员工的职业发展路径,以适应快速变化的市场环境。这种动态调整机制使员工能够及时获取最新的职业发展信息,并根据市场变化调整自己的职业发展策略。人工智能的介入不仅提高了职业路径规划的灵活性,也增强了员工在职业发展过程中的主动性和参与感。

数字化职业路径规划应整合多种学习资源,为员工提供多样化的学习体验。这包括在线课程、实践项目和导师指导等多种形式的学习资源。通过整合这些资源,员工可以根据自己的职业发展需求选择合适的学习方式,实现个性化的职业成长。这种多样化的学习体验不仅提升了员工的学习兴趣,也增强了他们的职业竞争力。

建立反馈机制是数字化职业路径规划的重要组成部分。企业应定期收集员工对职业路径规划的反馈,以便及时调整和优化规划策略。这种反馈机制不仅有助于提升员工的职业发展满意度,也为企业的人力资源管理提供了宝贵的数据支持。通过对反馈信息的分析,企业可以不断优化职业路径规划策略,实现员工和企业的双赢。

(二)数据驱动的职业发展追踪与评估

在数字化时代,职业发展追踪系统应具备实时监测员工职业进展的能力。通过整合多种数据源,系统可以实时捕捉员工在工作中的表现和成长轨迹,及时识别出员工在职业发展路径上可能遇到的瓶颈或机遇。这种实时监测不仅有助于企业及时调整员工的职业发展计划,也能够帮助员工更清晰地了解自己的职业发展方向和目标。

构建科学的职业发展评估模型是职业发展追踪的关键。通过分析员工的绩效数据和培训结果,企业可以为每位员工量身定制评估标准,确保评估过程的公正性和透明度。这种数据驱动的评估模型能够有效消除传统评估中的主观偏见,更客观地展现员工的职业发展潜力。同时,透明的评估过程也能增强员工对职业发展体系的信任感,激励员工积极参与到自身职业发展的规划中。

数据分析工具在职业生涯管理中的应用,使得定期生成职业发展报告成为可能。这些报告不仅能够帮助员工了解自身的发展状况,还为其职业规划提供了重要依据。通过对报告中数据的深入分析,员工可以识别出自身的优势和不足,从而制定更具针对性的职业发展计划。此外,企业也可以通过这些报告了解整体员工的职业发展情况,为制定长期的人才战略提供数据支持。

为了全面评估员工的职业发展情况,建立多维度的职业发展指标体系是不可或缺的。该体系应涵盖技能提升、岗位变动和绩效表现等多个维度,确保对员工职业发展的全面评估。通过这种多维度的评估,企业能够更准确地识别出员工的成长需求和潜力,从而提供更有针对性的支持和资源,促进员工的职业发展。

职业发展追踪系统的用户友好性直接影响员工的参与感和满意度。一个简便的操作界面和有效的反馈机制能够激发员工积极参与职业发展追踪。通过提供及时、清晰的反馈,员工能够更好地理解自身的职业发展状况,并根据反馈调整职业发展计划。这种积极的互动不仅提高了员工对职业发展的投入程度,也增强了员工对企业的归属感和满意度。通过优化用户体验,企业可以有效提升职业发展追踪系统的使用率,推动组织整体的数字化转型进程。

(三)数字化时代的职业发展资源整合

随着技术的进步,企业需要整合内部和外部的职业发展资源,构建一个多元化的职业发展支持体系,以满足员工在不同职业阶段的需求。这种整合不仅涵盖企业内部的培训和发展机会,还包括行业内外的资源共享和合作。通过这种方式,企业可以为员工提供更加全面和个性化的支持,从而增强员工的职业满意度和忠诚度。

利用数字化平台,企业可以汇集行业专家、导师和职业顾问的资源,为员工提供个性化的职业指导和咨询服务。数字化平台的优势在于其便捷性和广泛的覆盖面,员工可以随时随地获取专业的职业发展建议。这种个性化的服务能够帮助员工更好地规划职业路径,识别职业发展机会,并在职业生涯中取得更大的成就。此外,这种平台还可以促进员工与行业专家的互动,拓宽员工的视野和人脉网络。

构建职业发展信息库是数字化时代职业发展资源整合的另一重要方面。信息库可以提供行业动态、职位要求和职业发展路径的详细信息,帮助员工做出明智的职业选择。通过对这些信息的分析,员工可以更好地理解行业趋势和职业发展方向,从而制定更具前瞻性的职业规划。同时,信息库的建立也有助于企业在招聘和人才培养过程中更精准地匹配员工和岗位需求。

社交网络和专业平台在职业发展资源整合中也扮演着重要角色。通过这些平台,企业可以促进员工之间的知识分享和经验交流,增强团队合作和职业发展机会。员工可以在这些平台上分享自己的职业经验,获得他人的反馈和建议,从而在职业发展中获得更多的支持和灵感。这种开放的交流环境不仅有助于员工个人的发展,也有助于企业整体的创新和进步。

为了确保职业发展资源的有效性,企业需要实施定期的评估机制。通过收集员工的反馈和分析市场变化,企业可以持续优化和更新职业发展资源的内容和形式。这种动态调整机制可以确保职业发展资源始终与员工的需求和市场环境相匹配,从而最大限度地发挥其作用。通过这种方式,企业不仅可以提升员工的职业发展水平,还可以增强自身在市场中的竞争力。

第四章 绩效、薪酬与劳动关系管理的数字化转型

第一节 绩效管理的数字化转型

一、绩效指标的数字化设计

(一)数字化绩效指标的定义与重要性

数字化绩效指标是指利用数字化工具和技术手段,对员工绩效进行量化和评估的指标体系。其重要性在于通过数据驱动的方式提供实时反馈,帮助企业及时调整管理策略和员工行为。这种实时反馈机制不仅提高了管理的灵活性,还能促进员工的自我认知和自我提升。传统的绩效评估往往依赖于定期的考核,而数字化绩效指标则能够在日常工作中持续监测和反馈,确保员工始终朝着企业的战略目标前进。

数字化绩效指标通过自动化工具减少人为错误,提高绩效评估的客观性和准确性。自动化工具能够有效地收集和分析数据,避免了人为因素可能导致的偏差和错误。这种客观性使得绩效评估更加公正透明,员工能够更加信任评估结果,并以此为基础进行自我改进。此外,自动化工具还能够大幅减少管理者在绩效评估过程中的时间投入,使其能够将更多精力放在战略性决策和员工发展上。

数字化绩效指标支持多维度分析,使得绩效评估不仅限于传统的量化指标,还能够综合考虑员工的软技能和团队协作能力。通过对员工表现的全面评估,企业能够更准确地识别出员工的优势和不足,从而制定更具针对性的培训和发展计划。这种多维度的分析不仅提升了绩效管理的全面性和深度,也促进了员工在多个方面的全面发展,进而提升了整体组织绩效。

数字化绩效指标有助于增强员工的参与感和透明度,促进员工对自身绩效的认知与自我提升。通过透明的指标体系和实时的反馈机制,员工能够清晰地了解自己的工作表现和进步空间。这种透明度不仅提升了员工的参与感,也激励员工主动寻求改进和发展机会。员工在了解自身绩效的基础上,能够更好地制定个人发展目标,与企业的战略目标保持一致。

数字化绩效指标的设计可以与企业战略目标紧密结合,实现绩效管理与整体业务目标的协同发展。通过将绩效指标与企业的战略目标相对接,企业能够确保员工的日常工作与组织的长期愿景保持一致。这种协同发展不仅提高了企业的整体效率和竞争力,也为员工提供了明确的方向和动力,使其在实现个人价值的同时,为企业创造更大的价值。

(二)数字化绩效指标的选择方法

数字化绩效指标的选择需要明确绩效目标的相关性和可衡量性,以确保所选指标能够有效反映员工的工作表现与企业战略目标的对齐程度。这意味着绩效指标不仅要与员工的日常工作紧密相关,还需能够量化评估,以便于管理层进行有效的分析和决策。例如,企业在选择绩效指标时,应优先考虑那些能够直接影响企业核心业务和长期发展战略的指标,从而确保绩效管理能够为企业带来实质性的价值提升。

在选择数字化绩效指标时,考虑指标的可获取性同样至关重要。确保所选绩效指标的数据能够通过现有系统或工具被轻松收集和分析,是提升绩效管理效率的关键。这要求企业在设计绩效管理系统时,充分利用大数据、人工智能等技术手段,简化数据采集和分析的流程。通过构建一个高效的数据管理平台,企业可以实现对绩效数据的实时监控和反馈,从而为管理层提供更为准确和及时的决策支持。

评估指标的动态性是选择数字化绩效指标时不可忽视的因素。选择能够随着市场变化和企业需求调整的绩效指标,以保持其适用性和有效性,是确保绩效管理持续发展的重要保障。企业需要建立灵活的绩效管理框架,能够根据外部市场环境和内部业务需求的变化,及时调整绩效指标的内容和权重。这种动态调整机制不仅有助于企业在激烈的市场竞争中保持灵活性和适应性,也能更好地激励员工在变化中不断提升自身的绩效水平。

结合员工的职业发展路径,选择能够促进个人成长和技能提升的绩效指标,是激发员工积极性和忠诚度的重要手段。绩效指标不仅要关注员工的当前表现,还应考虑其未来的发展潜力。通过设计与员工职业发展相匹配的绩效指标,企业可以帮助员工明确个人发展目标,提升其职业技能,增强其对企业的归属感和忠诚度。这不仅有助于员工个人的发展,也能为企业培养出更具竞争力的人才队伍。

确保绩效指标的多样性,涵盖定量与定性两方面,是全面评估员工绩效的必要条件。在数字化转型的背景下,企业不仅要关注员工的业绩结果,还应考虑其行为表现和团队合作能力。通过多样化的绩效指标体系,企业可以全面了解员工的综合能力和潜力,进而制定更为科学和合理的绩效管理策略。这种全面的评估方式,不仅有助于提升员工的整体绩效水平,也能为企业的可持续发展提供强有力的支持。

(三)数字化绩效指标的量化

在数字化转型的背景下,数字化绩效指标的量化采用 SMART 原则。该原则强调指标的具体性(Specific)、可测量性(Measurable)、可实现性(Achievable)、相关性(Relevant)和时限性(Time-bound),确保每个指标不仅能准确反映员工的工作表现,还能为企业的战略目标服务。通过这种方法,企业能够在绩效管理中实现更高的精确度和操作性。

为了进一步增强数字化绩效指标的量化,企业需要借助数据分析工具,对历史绩效数据进行深入挖掘和建模。这一过程能够帮助企业确定基准线和目标值,为量化指标的设定提供坚实的数据支持和参考依据。通过分析历史数据,企业可以识别出影响绩效的关键因素,并据此调整指标设定,以更好地反映当前的业务需求和市场状况。这种数据驱动的方法不仅提高了指标设定的科学性,还增强了企业在复杂市场环境中的竞争力。

在设计绩效指标时,不同岗位的特性是必须考虑的重要因素。通过岗位分析,企业能够识别出各岗位的具体职责和工作内容,从而设定适合的量化标准。这种针对性设计确保了绩效评估的精准化,使得每个员工的绩效都能得到公平和客观的评价。此外,岗位特性分析还有助于企业在人员配置和资源分配上做出更为合理的决策,从而提高整体组织效率。

引入 360 度反馈机制是量化过程中的重要举措。这一机制通过综合来自同事、上级和下属的多方评价,提供了更全面的员工绩效表现视角。360 度反馈不仅丰富了绩效评估的信息来源,还能揭示出传统单向评价中可能被忽视的员工能力和潜力。这种全面的反馈机制有助于企业更准确地识别员工的优势和不足,从而制定更有效的培训和发展计划。

最后,定期对量化指标进行审查和调整是确保其有效性和适应性的关键步骤。随着企业战略和市场环境的变化,原有的绩效指标可能不再适用。因此,企业需要建立一个动态调整机制,定期评估指标的相关性和有效性,并根据最新的业务需求进行调整。通过这种灵活的管理方式,企业可以确保绩效管理始终与其战略目标保持一致,并在快速变化的市场中保持竞争优势。

二、绩效数据的实时采集与分析

(一)实时绩效数据采集技术

通过先进的传感器技术,企业能够利用物联网设备自动记录员工的工作状态和绩效数据。这些传感器不仅能够捕捉员工的活动和行为,还能提供精准的数据反馈,帮助管理者更好地了解员工的工作表现。与此同时,云计算平台的应用为数据的快速存储与处理提供了坚实基础。凭借云计算的强大能力,企业能够实现数据的实时访问与分析,从而及时做出决策,提高组织的整体效率。

在移动互联网时代,移动应用程序的开发为绩效数据的采集带来了极大的便利。员工可以通过手机或平板电脑随时随地输入和更新自己的绩效数据。这种灵活性不仅提高了数据采集的效率,还增强了员工的参与感。数据可视化工具的使用则帮助管理者实时监控绩效数据,通过直观的图表和报告快速识别潜在问题和趋势。这种可视化的方式使得复杂的数据变得易于理解,从而支持管理者进行更为精准的决策。

此外,API接口的集成确保了不同系统之间的数据互通。通过API的有效集成,企业能够将来自不同来源的数据进行整合,形成一个全面的绩效数据视图。这种数据的互联互通不仅提升了绩效数据的采集效率与准确性,也为企业在数字化转型过程中提供了强有力的支持。实时绩效数据采集技术的应用,不仅改变了传统的绩效管理模式,也为企业的持续发展提供了新的动力。

(二)绩效数据的自动化分析模型

在绩效管理的数字化转型中,绩效数据的自动化分析模型通过高效的算法和数据处理技术,实现对大量绩效数据的自动化分析。其构建方法包括数据预处理、特征选择和模型训练等步骤。数据预处理是基础,旨在清理和整理数据,以消除噪声数据和异常值,为后续分析奠定良好的数据基础。特征选择是从海量数据中提取出最具代表性的特征,确保模型的简化和高效。模型训练则通过学习历史数据,建立起能够准确预测和分析绩效的数学模型,从而确保分析结果的准确性和可靠性。

自动化分析模型的核心在于利用机器学习算法对绩效数据进行预测分析。

这一过程不仅能够识别潜在的绩效问题,还能揭示员工的发展机会。通过对历史绩效数据的深入分析,模型能够预测未来的绩效趋势,并为员工和管理层提供有价值的洞察。例如,通过识别出某一员工在特定领域的潜在发展潜力,管理层可以有针对性地提供培训和发展机会,从而提升员工的整体绩效水平。

实时反馈机制的设计是自动化分析模型的另一关键要素。通过这一机制,员工可以根据模型分析结果及时调整工作策略。这种即时性反馈不仅提升了员工的积极性和参与度,还促进了整体绩效的提升。实时反馈机制通过将分析结果直接反馈给员工,使他们能够快速识别自身的优势和不足,从而采取有效的改进措施,促进个人和团队的绩效提升。

此外,自动化分析模型的可视化展示功能极大地帮助管理层直观理解绩效数据趋势和员工表现。通过图形化的展示方式,复杂的数据分析结果得以简化,使管理层能够快速做出明智的决策。这种可视化工具不仅提高了数据分析的透明度,还为管理层提供了强有力的决策支持,帮助其在复杂的商业环境中保持竞争优势。

最后,自动化分析模型的持续优化与迭代是保持其有效性和适应性的关键。随着新数据的不断涌入和市场环境的变化,模型需要不断调整其分析参数。这种动态调整不仅确保了模型的准确性,还使其能够适应不断变化的外部环境。通过定期的模型评估和更新,企业能够持续获取高质量的绩效分析结果,从而推动组织的持续改进和发展。

三、数据驱动的绩效评估方法与改进策略

(一)数据驱动的绩效评估模型构建

构建数据驱动的绩效评估模型,首先需要明确模型的目标与范围,以确保评估过程能够有效聚焦于企业的核心绩效指标和战略目标。明确的目标和范围不仅有助于提升评估的针对性,还能在模型实施过程中减少资源浪费和方向偏移。此外,模型的构建需要结合企业的长远发展战略,以保证其在实际应用中的可持续性和有效性。在这个过程中,企业需要充分了解自身的业务特点,并结合行业的普遍标准,制定出符合自身需求的绩效评估模型。

在构建数据驱动的绩效评估模型时,选择合适的数据源是至关重要的。企业需要综合考虑内部数据和外部市场数据的结合,以增强模型的全面性和准确性。

内部数据通常包括员工的历史绩效记录、工作态度调查结果及与绩效相关的财务指标等,而外部市场数据则可能涉及行业基准、市场趋势、竞争对手分析等信息。通过多渠道的数据收集,企业能够更全面地了解员工的表现及市场环境的变化,从而为绩效评估提供更加客观和精确的依据。这种数据的整合不仅提高了模型的准确性,还能为企业的战略决策提供有力支持。

在设计数据驱动的绩效评估模型时,必须考虑不同维度的绩效因素,以确保评估结果的多维度性和全面性。绩效评估不仅需要关注定量指标,如销售额、生产效率等,还需要重视定性反馈,如员工满意度、客户评价等。通过结合定量和定性数据,企业可以更全面地掌握员工的实际表现和潜在问题。这种多维度的评估方式有助于企业在制定激励措施和改进策略时,能够更加精准地识别问题,并采取相应的措施进行改善。此外,多维度的评估还可以帮助企业更好地识别人才,进而优化人力资源配置。

为了适应企业环境和市场需求的变化,建立持续反馈机制是数据驱动的绩效评估模型中不可或缺的一部分。企业应定期对模型进行审查和优化,以确保其始终能够反映最新的市场动态和企业战略方向。持续的反馈机制可以帮助企业及时发现评估模型中的不足之处,并通过数据分析进行调整和改进。这不仅有助于提高绩效评估的准确性和公平性,还能增强员工对绩效管理体系的信任和认同感。通过不断的优化和调整,企业能够在竞争激烈的市场中保持更强的竞争优势。

(二)数据驱动的绩效改进策略

通过数据分析识别绩效瓶颈,企业能够精准定位影响工作效率的关键因素,从而制定针对性的改进计划。这种以数据为基础的策略不仅能提升整体工作效率,还能显著提高员工满意度。在绩效管理过程中,数据分析工具可以帮助管理者实时监测员工的工作表现,识别出团队或个人在某些任务中的短板,并通过调整资源分配或优化工作流程来弥补这些不足。这种方法的有效性在于其基于客观数据的科学决策,而非依赖于主观判断。

实时反馈机制是数据驱动的绩效改进策略中的重要组成部分。通过建立实时反馈渠道,企业可以鼓励员工根据绩效数据主动调整自己的工作方式,增强自我管理能力。实时反馈不仅有助于员工及时了解自己的工作表现,还能让他们在工作过程中进行必要的调整,从而提高工作效率和质量。这种机制的实施需要企业文化的支持,鼓励员工积极参与反馈过程,并将其视为个人成长和职业发展的机会。通过实时反馈,员工可以更好地理解管理层的期望,并在日常工作中不断优化自己的表现。

定期开展数据驱动的绩效评审会议是促进跨部门沟通和协作的重要手段。通过这些会议,企业不仅能够对绩效数据进行全面评估,还能在不同部门间分享成功经验和面临的挑战。这种跨部门的协作有助于形成绩效改进的合力,推动企业整体目标的实现。在会议中,各部门可以结合数据分析结果讨论改进策略,制定出更具针对性和可操作性的计划。此外,跨部门的交流还能够打破信息孤岛,提升组织内部的协作效率,进而促进企业的整体发展。

结合员工发展需求,制定个性化的培训和发展计划是数据驱动的绩效改进策略的另一个重要方面。通过分析员工的绩效数据,企业可以识别出每位员工的优势与不足,并据此制定个性化的培训计划。这种方法不仅能提升员工的技能和绩效水平,还能激励员工在职业生涯中不断进步。个性化的发展计划有助于员工明确自己在企业中的职业发展路径,从而增强对企业的忠诚度和工作动力。同时,企业也能通过这种方式提升整体人力资源的质量,为实现长远发展目标奠定坚实基础。

四、数字化绩效管理系统的集成与优化

(一)数字化绩效管理系统的集成方案

数字化绩效管理系统通过集成不同的数据源,能够获取全面的员工表现信息,这对于准确评估和管理员工绩效至关重要。实现这一目标的关键在于建立一个灵活的接口架构,使新系统能够与现有的人力资源管理系统、财务系统和项目管理工具无缝对接。这种集成不仅可以提高数据的准确性和时效性,还能为管理者提供更丰富的分析视角,从而支持更科学的决策制定。此外,集成方案还需考虑数据安全和隐私保护,确保在数据共享过程中,员工的个人信息得到妥善保护。

在数字化绩效管理系统的设计中,引入模块化设计理念是提升系统适应性和可扩展性的有效途径。模块化设计允许企业根据自身的需求选择和定制不同的绩效管理功能模块,这种灵活性使得系统能够随企业的发展而不断调整和优化。企业可以在初期选择基础的绩效考核模块,并随着业务的扩展逐步添加高级分析、预测等功能模块。这种方式不仅降低了系统初期实施的复杂度和成本,还提供了一个可持续发展的技术框架,支持企业在变化多端的市场环境中保持竞争力。

应用云计算技术是确保数字化绩效管理系统高可用性和安全性的关键。云计算不仅支持系统的远程访问和实时数据更新,还提供了强大的数据备份和恢复能力,确保系统在任何情况下都能正常运行。通过云计算,企业可以实现全球范围内的数据同步,支持跨地区的绩效管理操作。此外,云计算还提供了灵活的资源调配能力,使系统能够根据实际需求动态调整计算和存储资源,从而提高运营效率并降低成本。为了确保系统的安全性,企业还需实施严格的访问控制和数据加密措施。

设计用户友好的界面是提升数字化绩效管理系统使用体验的重要环节。一个直观、易操作的界面可以显著减少员工和管理者的学习曲线,降低培训成本和时间。通过采用现代 UI/UX 设计原则,系统界面可以实现信息的有效呈现和操作的简化,从而提升用户满意度。用户友好的界面不仅体现在视觉设计上,还应关注交互流程的优化,以确保用户在使用过程中能够快速找到所需功能并完成相应操作。此外,企业可以通过用户反馈机制不断优化界面设计,使系统更贴合用户需求。

(二)绩效管理系统与企业其他系统的协同

绩效管理系统的有效性在于其与企业其他系统的深度协同。通过与人力资源管理系统的无缝集成,企业能够确保员工信息和绩效数据的一致性。这种整合不仅提升了数据的准确性,也增强了数据的可用性,使得管理者能够基于精确的数据做出更为明智的决策。人力资源管理系统的集成可以自动更新员工档案和绩效记录,减少人为错误,并提高工作效率。同时,这种集成还为员工提供了一个透明的反馈机制,帮助员工明确个人发展路径和绩效改进方向。

通过与财务系统的协同,绩效管理系统能够实时跟踪绩效与薪酬之间的关系。这样的协同优化了薪酬结构和激励机制,使得薪酬策略更加灵活和具有竞争力。企业可以根据实时的绩效数据调整薪酬分配方案,确保薪酬能够有效激励员工,提高员工的工作积极性和满意度。此外,财务系统的整合还可以帮助企业更好地掌控人力成本,提升整体财务健康水平。

绩效管理系统与项目管理工具的集成,使得项目进展与个人绩效相结合,提升了团队协作效率和项目成功率。在项目管理中,实时的绩效反馈可以帮助团队成员及时调整工作策略,确保项目目标的实现。通过这种集成,管理者能够更好地识别团队中的高绩效者,并为他们提供更具针对性的培训和发展机会。项目管理工具的集成还促进了团队成员之间的沟通与协作,减少了信息孤岛的产生。

通过与客户关系管理系统的协同,绩效管理系统能够将客户反馈纳入员工绩效评估,增强客户导向的绩效文化。这种协同使得员工的绩效评估不仅仅基于内部指标,还考虑到客户的满意度和反馈,从而推动员工更好地服务客户。客户关系管理系统的整合有助于企业建立以客户为中心的文化,提高客户忠诚度和企业的市场竞争力。

利用数据分析平台能够实现绩效管理系统与其他业务系统的数据共享,促进跨部门协作和整体业务的优化决策。数据分析平台提供了强大的数据挖掘和分析能力,使得企业能够从海量数据中提取有价值的信息。通过数据共享,各部门能够更好地了解彼此的工作进展和需求,提升协作效率和决策质量。数据分析平台的应用还为企业提供了前瞻性的业务洞察,帮助企业在激烈的市场竞争中保持领先地位。

(三)数字化绩效管理系统的持续优化

数字化转型的本质在于不断适应变化的环境和需求,因此,定期收集用户反馈成为持续优化的基础。通过员工和管理者的使用体验反馈,可以识别系统功能和界面设计的不足之处。这一过程不仅能提升用户满意度,还能推动系统的功能完善,确保其更好地服务于组织的绩效管理目标。

在数字化绩效管理系统的优化过程中,数据分析技术发挥着不可或缺的作用。通过监测系统的使用情况和绩效数据的变化,管理者可以及时调整系统设置,提高数据处理效率。这种动态调整能力使得系统能够迅速响应组织内部和外部环境的变化,从而保持其在绩效管理中的有效性。同时,数据分析还可以帮助识别绩效管理流程中的瓶颈,为系统优化提供数据支持。

为了实现绩效管理系统的持续优化,建立跨部门的协作机制是必不可少的。各部门对系统的需求和建议需要通过有效的沟通渠道及时反馈,并纳入到系统优化计划中。这种协作不仅能提升系统的整体适用性,还能促进组织内部的协同工作,提高绩效管理的整体效率。跨部门协作机制的建立,有助于打破信息孤岛,确保系统在不同部门间的无缝衔接。

定期进行系统性能评估是识别潜在技术瓶颈和使用障碍的重要手段。通过性能评估,可以发现系统在实际使用中的不足之处,并制定针对性的优化策略。这不仅有助于提升系统的稳定性和响应速度,还能为未来的系统升级提供依据。性能评估的结果应被视为系统优化的指南,指导技术团队进行有针对性的改进。

引入新兴技术,如人工智能和机器学习,是提升绩效管理系统智能化水平的有效途径。通过持续更新系统算法,可以增强绩效评估的准确性和智能化水平。这些技术的应用,不仅能提高系统的分析能力,还能为组织提供更具前瞻性的绩效管理决策支持。随着技术的不断发展,数字化绩效管理系统将变得更加智能和高效,为组织的绩效管理提供强有力的支持。

第二节　薪酬与福利管理的数字化升级

一、薪酬结构的数字化设计

(一)数字化工具在薪酬结构设计中的应用

通过数据分析软件,企业能够对薪酬结构进行实时监控,确保薪酬水平始终与市场标准保持一致。这种实时监控不仅能够帮助企业在快速变化的市场环境中保持竞争力,还能确保员工薪酬的公平性,从而提升员工满意度和企业凝聚力。利用先进的薪酬管理系统,企业可以灵活调整薪酬结构,依据员工的绩效表现和市场变化进行动态优化。这种灵活性使得企业能够在激烈的市场竞争中保持薪酬策略的前瞻性和适应性。

数字化工具还支持薪酬结构的可视化展示,使管理者能够更直观地理解薪酬分配情况及其合理性。通过可视化的图表和数据展示,管理者可以快速识别薪酬结构中的潜在问题,并作出相应的调整。这种透明化的展示方式不仅提高了管理者的决策效率,还增强了企业内部的沟通效果,减少了因信息不对称带来的误解和矛盾。此外,数字化工具通过人工智能技术分析员工的技能和市场需求,能够为员工量身定制更加个性化的薪酬设计方案。这种个性化的设计不仅能够激励员工发挥其最大潜力,还能吸引和留住关键人才,为企业的长期发展提供有力支持。

数字化工具的应用还简化了薪酬结构的审批流程,大幅提高了薪酬管理的效率和透明度。通过自动化的流程管理,企业能够减少人为干预和错误,确保薪酬结构的制定和调整更加高效和准确。这种高效透明的管理方式增强了员工对企业薪酬政策的信任感,改善了劳动关系,促进了企业的和谐发展。

总之,数字化工具在薪酬结构设计中的应用,不仅提升了企业的管理水平,还为企业在数字化转型中提供了强有力的支持。

(二)个性化薪酬方案的数字化实现

在数字化转型的浪潮中,企业为了满足员工多样化的需求,开始利用先进的数据分析工具来评估员工的绩效、技能和市场需求。这一过程不仅是对传统薪酬管理的革新,更是提升员工满意度和忠诚度的关键。通过数据分析,企业能够深入了解每位员工的独特价值,从而为其量身定制个性化的薪酬方案。这种方案不仅考虑到员工的当前表现,还将其未来发展潜力纳入评估范围,确保薪酬结构的合理性和激励性。

实时监控薪酬结构与员工表现的关联性是数字化薪酬管理的一大优势。现代薪酬管理系统能够动态追踪员工的工作表现和薪酬变化,确保个性化薪酬方案能够真实反映员工的贡献和价值。这种实时性使得企业可以快速调整薪酬策略,回应员工表现的变化,避免因信息滞后导致的管理不当。同时,实时监控也为管理层提供了更为精准的数据支持,使得薪酬决策更加科学化和透明化。

人工智能技术的引入为个性化薪酬方案的动态调整提供了新的可能。通过分析员工的职业发展路径和市场趋势,企业能够及时调整薪酬方案的结构和内容,确保其始终具有市场竞争力和吸引力。人工智能算法不仅能够预测员工的职业发展轨迹,还能识别未来可能的市场变化,使得薪酬方案更加灵活和适应性强。这一技术的应用能够帮助企业在快速变化的市场环境中保持竞争优势,同时也为员工提供了更为广阔的发展空间。

灵活的薪酬结构设计是提升员工参与感的重要手段。在数字化环境下,企业可以为员工提供多种薪酬组合选择,如基本工资、绩效奖金和福利待遇等。员工可以根据个人需求和职业发展阶段,选择最适合自己的薪酬组合。这种灵活性不仅提高了员工对薪酬方案的满意度,也增强了他们对企业的归属感和参与感。通过赋予员工更多的选择权,企业能够激发员工的主动性和创造力,形成良好的工作氛围。

建立透明的薪酬沟通机制是数字化薪酬管理中不可或缺的一环。通过清晰的沟通渠道,企业可以让员工了解个性化薪酬方案的制定依据和调整流程。这种透明性不仅增强了员工对企业的信任感,也增加了他们对薪酬决策的认同感。通过公开、公正的沟通机制,企业能够有效消除薪酬管理中的信息不对称问题,促进员工与管理层之间的良性互动,从而形成更为和谐的劳动关系。

(三)数据驱动的薪酬决策与优化

利用先进的数据分析工具,企业可以对薪酬结构进行深入评估,以确保其公平性和合理性。具体而言,数据分析工具能够帮助企业评估不同岗位和员工之间的薪酬差异是否符合市场标准和内部公平原则。这种方法不仅提高了薪酬管理的透明度,还能有效减少因薪酬不公而导致的员工不满和流失。此外,数据驱动的决策过程能够为企业在制定薪酬策略时提供实证支持,确保决策的科学性和有效性。

实时数据监控是薪酬管理数字化升级的关键要素。通过构建实时数据监控系统,企业能够动态地调整薪酬策略,以应对市场和组织内部的变化,确保在激烈的市场竞争中保持吸引力和员工满意度。这种实时调整机制不仅有助于企业在薪酬管理上保持灵活性,还能增强员工对企业的信任感和忠诚度。实时监控系统的使用,使得薪酬管理不再局限于静态的年度或季度活动,而成为一个动态的、持续优化的过程。

建立基于数据的薪酬预测模型是提升薪酬决策科学性的有效途径。通过分析员工流失率与薪酬水平之间的关系,企业可以获得关于薪酬调整对员工保留和流动的影响的深刻洞见。这种预测模型不仅能够帮助企业在薪酬决策中预见潜在的风险,还能为企业制定更具竞争力的薪酬方案提供有力支持。通过科学的薪酬预测,企业能够更好地平衡成本与员工满意度之间的关系,进而提升整体人力资源管理的效率。

数据挖掘技术的应用使得识别和激励高绩效员工成为可能。通过对员工绩效数据的深入挖掘,企业能够识别出那些对组织贡献最大的员工,并为他们制定有针对性的激励方案。这种基于数据的激励机制,不仅有助于提升整体团队绩效,还能增强员工的忠诚度和归属感。高绩效员工的识别和激励,是企业在数字化时代提升竞争力的关键策略之一。

设计智能化薪酬报告系统是实现数据驱动薪酬决策的有效工具。通过定期生成数据驱动的薪酬分析报告,企业管理层能够获得关于薪酬管理的全面、准确的洞察。这些报告不仅能够帮助管理层做出更为精准的薪酬决策,还能为企业在薪酬管理上的战略调整提供坚实的数据支持。智能化薪酬报告系统的应用,使得薪酬管理从经验驱动转向数据驱动,为企业在数字化转型过程中提供了强有力的支持。

二、福利管理系统的数字化集成

(一)数字化福利程序的集成方法

在现代企业管理中,数字化福利程序的集成旨在通过技术手段优化福利管理流程,提升员工对福利信息的获取便利性。建立统一的数字化福利管理平台,能够有效整合各类福利项目,使员工可以通过一个入口轻松获取所需的福利信息。这种集成方法不仅简化了福利信息的传递过程,还大大降低了信息不对称的风险,从而提高了员工对福利管理的满意度。

利用数据分析工具对员工福利需求进行调研,是数字化福利集成中的关键步骤。通过对员工需求的深入分析,企业可以确保福利项目的设计与员工期望相匹配。数据分析工具能够提供精准的需求预测和趋势分析,使企业能够根据员工的实际需求调整福利项目,避免资源的浪费和员工的不满。这种以数据为导向的福利管理策略,不仅提高了福利项目的针对性和有效性,还增强了员工的归属感。

实施自动化的福利申请和审批流程,是数字化福利管理中提高效率和准确性的有效措施。通过自动化系统,员工可以在线提交福利申请,系统会自动进行审批和反馈,减少了人工干预的环节。这种自动化流程不仅提高了审批效率,还降低了人为错误的可能性,确保了福利申请过程的透明和公正。此外,自动化流程还可以为管理者提供实时的审批数据,帮助其进行更有效的决策。

通过移动应用程序,企业能够提供员工随时随地访问福利信息和申请服务的能力。这种移动化的福利管理方式,不仅方便了员工的使用,还极大地增强了员工体验。员工可以通过手机应用,随时查看自己的福利状态、申请进度及相关政策信息。这种便捷的访问方式,提升了员工对企业福利的认同感和满意度,同时也提高了员工对福利管理的参与度和积极性。

建立实时监控机制是数字化福利管理的重要组成部分。通过实时监控,企业可以跟踪福利使用情况和员工反馈,及时发现和解决问题。实时监控机制能够提供全面的福利使用数据,帮助企业优化福利项目设计和资源配置。通过对员工反馈的分析,企业可以不断调整和改进福利项目,以更好地满足员工需求。这种动态调整的机制,不仅提高了福利管理的灵活性和适应性,还增强了员工对企业的信任和依赖。

(二)福利系统自动化与数据同步

通过设计自动化的福利申请流程,企业能够提升员工在申请福利时的便捷性和高效性。自动化流程减少了手动操作带来的错误和延误,提高了整体的工作效率。这种设计使员工能够在不受时间和地点限制的情况下随时提交福利申请,极大地提升了员工满意度和企业管理效率。此外,自动化流程通过标准化操作减少人为因素对流程的影响,确保每个员工都能享受到公平且一致的福利待遇。

实时数据同步机制的建立是福利管理系统数字化升级的关键环节。通过在福利管理系统和人力资源管理系统之间建立实时数据同步,企业可以确保所有信息的准确性和一致性。这种机制不仅提高了数据的可用性,还为管理层提供了更为及时和有效的决策支持。实时数据同步意味着一旦员工信息发生变化,福利系统能够立即更新相关数据,从而避免由于信息滞后而导致的管理失误。这种同步机制在提升企业管理水平的同时,也增强了员工对企业的信任。

福利使用情况的自动监测是数字化福利管理的重要组成部分。通过先进的数据分析工具,企业可以详细跟踪员工对各类福利项目的使用频率和满意度。这样的监测为企业提供了宝贵的数据支持,帮助管理层了解哪些福利项目最受欢迎,哪些项目需要改进。这种数据驱动的管理方式,不仅提高了福利项目的有效性,还为后续的优化提供了科学依据。通过深入分析员工的使用行为,企业可以更有针对性地调整福利政策,从而更好地满足员工需求。

基于数据分析的福利个性化推荐系统是提升员工参与感和满意度的创新手段。通过对员工需求和偏好的分析,系统能够自动推送适合的福利项目。这种个性化的推荐不仅提高了员工对福利项目的兴趣,还增强了他们对企业的归属感。福利个性化推荐系统通过分析员工的历史使用数据和当前的偏好,能够精准地预测员工可能感兴趣的福利项目,从而实现福利资源的合理分配和最大化利用。

定期生成福利数据报告是帮助管理层进行科学决策的重要工具。通过对福利项目的使用情况、员工反馈等数据的综合分析,企业可以生成详尽的报告,为管理层提供决策支持。这些报告能够帮助管理层了解福利项目的有效性,识别出需要改进的领域,并制定相应的调整策略。通过数据驱动的决策,企业能够在提升员工满意度的同时,优化福利资源的配置,提高整体的运营效率。这样的报告不仅是管理层的重要参考资料,也为企业的长期发展提供了战略支持。

（三）智能化福利方案推荐机制

基于员工偏好的智能化福利推荐系统，通过分析员工的历史福利使用数据，能够为员工提供个性化的福利选择。这不仅提高了员工的满意度，还使得福利管理更加贴近员工的实际需求。在这个过程中，系统利用先进的数据处理技术，确保每个员工都能获得最符合其个人偏好的福利项目，真正实现了福利管理的"以人为本"。

通过机器学习算法，智能化福利推荐系统能够实时评估员工需求的变化。这种动态调整能力使得福利项目的推荐更具相关性和吸引力。随着员工职业生涯的变化，系统可以灵活地调整福利方案，以适应员工在不同阶段的需求。这种灵活性不仅提升了员工的满意度，也在一定程度上增强了企业的竞争力，帮助企业在快速变化的市场环境中保持领先。

数据分析技术在智能化福利方案推荐机制中扮演着重要角色。通过对不同员工群体福利偏好的识别，企业可以制定更具针对性的福利推广策略。这种策略不仅提高了福利方案的针对性和有效性，还帮助企业更好地理解员工的真实需求。通过对数据的深度挖掘，企业能够提前预测员工的福利需求趋势，从而在福利管理上做到未雨绸缪。

建立员工反馈机制是智能化福利方案推荐机制的一个关键环节。通过收集员工对推荐福利方案的意见和建议，企业可以不断优化推荐系统，提高用户体验。这种反馈不仅帮助企业及时发现福利方案中的不足之处，也为未来的福利设计提供了宝贵的参考数据。通过持续的优化，企业可以确保其福利管理始终保持在行业的前沿。

智能化福利推荐机制还结合了行业标准和市场趋势，为企业提供竞争力强的福利方案。这种机制不仅帮助企业在人才吸引和保留方面取得优势，还使得企业的福利管理更具前瞻性。通过对市场趋势的敏锐把握，企业可以在福利管理上做到与时俱进，确保其福利方案始终具有吸引力和竞争力。

三、员工福利管理的自动化升级

（一）智能化员工福利方案匹配

智能化员工福利方案匹配系统结合了先进的技术和人力资源管理理论，能够根据员工的个人资料和偏好自动推荐适合的福利项目。这种智能化的匹配不仅提升了员工的满意度和参与感,还为企业的福利管理注入了新的活力。员工在享受个性化福利的同时,感受到企业对其需求的关注和重视,从而增强了对企业的归属感和忠诚度。

利用数据分析技术,智能化福利方案匹配系统能够实时监测员工的福利使用情况,并动态调整推荐内容,以确保福利方案的相关性。这种实时监测的能力使企业能够及时了解员工的福利需求变化,并做出相应的调整,避免了传统福利管理中可能出现的滞后性问题。通过这种方式,企业不仅提高了福利管理的效率,还增强了员工对企业福利政策的满意度。

机器学习算法的应用使智能化福利方案匹配系统能够识别员工的需求变化,并及时更新福利推荐。这种动态调整能力不仅增强了员工对福利管理的信任和依赖,还使企业能够更好地适应快速变化的市场环境。通过不断优化的福利推荐,企业能够在激烈的市场竞争中保持吸引力,吸引和留住优秀的人才,为企业的长远发展提供有力支持。

智能化福利方案匹配系统不仅关注员工的个体需求,还能够整合市场趋势和行业标准,确保企业提供的福利具有竞争力。通过对市场趋势的分析,企业能够及时调整福利策略,保持与行业标准的一致性。这种策略不仅有助于提升企业的市场地位,还能够增强企业的品牌形象,使其在人才市场中更具吸引力。

建立反馈机制是智能化福利方案匹配系统的重要组成部分。通过反馈机制,员工可以对推荐的福利方案进行评价,系统根据反馈不断优化匹配算法,提高推荐的精准度和效果。这种以员工为中心的反馈机制不仅提升了福利方案的个性化水平,还增强了员工的参与感和满意度。企业通过这种方式不断完善福利管理体系,为员工提供更为贴心的福利服务。

(二)员工福利使用的自动化追踪

自动化追踪系统通过先进的技术手段,能够实时记录员工对各类福利的使用情况。这不仅确保了数据的准确性和及时性,还为企业提供了一个全面的视角来了解员工的福利使用情况。通过对实时数据的收集和分析,企业能够更好地掌握员工的需求和偏好,从而在福利项目的设计和实施中做出更为精准的调整。

自动化追踪系统不仅仅是一个数据收集工具,它还通过数据分析功能识别员工福利使用的趋势和偏好。这一功能为企业提供了宝贵的洞察力,使管理层能够根据实际需求调整福利项目,以提高员工的满意度和福利项目的整体效能。通过对历史数据的分析,企业可以预测未来的福利使用趋势,为员工提供更具吸引力和个性化的福利项目。此外,这种数据驱动的决策方式能够减少资源浪费,提高企业的整体运营效率。

生成详细的福利使用报告是自动化追踪系统的另一大功能。这些报告为管理层提供了关于福利项目有效性和员工满意度的深刻见解。通过这些报告,管理者能够识别出哪些福利项目最受欢迎,哪些项目可能需要优化或调整。这种基于数据的反馈机制不仅提升了企业的管理水平,还为员工创造了一个更加满意的工作环境。详细的报告还可以作为企业与员工沟通的基础,增强员工对企业福利政策的理解和认同。

自动化追踪系统还具备警报机制,能够在福利使用出现异常情况时及时通知管理者。这一功能确保企业能够快速响应潜在的问题,避免福利资源的浪费或员工的不满。通过设定合理的预警参数,企业可以在问题初现时就采取措施,而不是等到问题扩大化后再处理。这种主动的管理方式不仅提升了企业的应变能力,还增强了员工对企业管理的信任感。

最后,自动化追踪系统还可以与员工反馈机制结合,收集员工的使用体验和建议。这种结合不仅为企业提供了更全面的反馈信息,还为福利方案的设计与实施提供了直接的改进方向。通过收集员工的建议,企业能够更好地理解员工的真实需求,从而在福利项目的调整中更加精准和有效。这种双向沟通机制不仅提升了员工的参与感,还增强了企业的凝聚力和向心力。

(三)自助式员工福利管理平台

自助式员工福利管理平台为员工提供个性化的福利选择,允许员工根据个人需求和偏好自由选择适合的福利项目。这种个性化的方式不仅提升了员工的自主性和满意度,也使企业在福利管理上更具灵活性和适应性。通过自助式平台,企业能够更好地满足员工的多样化需求,从而增强员工的归属感和忠诚度。

平台通过用户友好的界面设计,使员工能够方便快捷地访问福利信息和申请服务,极大提升了用户体验。界面设计直观且易于操作,员工无需经过复杂的培训即可熟练使用。这种设计不仅节省了员工的时间,也减少了企业在员工培训上的投入。此外,平台的移动端应用使员工可以随时随地管理自己的福利,进一步提升了便利性和使用效率。用户体验的提升是该平台成功的关键因素之一,使员工在繁忙的工作中也能轻松管理个人福利。

自助式平台集成了实时数据分析功能,能够根据员工的福利使用情况和反馈动态调整推荐内容,确保福利方案的相关性。通过大数据分析,企业可以精准了解员工的偏好和需求,从而优化福利项目的配置。这种数据驱动的管理方式,不仅提高了福利方案的针对性,还能帮助企业在成本控制和资源配置上做出更明智的决策。实时分析功能的应用,使得福利管理更加科学化和数据化,符合现代企业管理的发展趋势。

系统支持多种支付和申请方式,简化了福利申请流程,提高了福利管理的效率和透明度,减少了人工干预。通过自动化的流程,员工可以在线完成福利申请、审核和支付,大大缩短了审批时间。多样化的支付方式也为员工提供了更多的便利,满足了不同员工的支付习惯和需求。透明的管理流程不仅提升了员工对企业福利管理的信任度,也降低了人为操作的错误率和管理成本。自动化的流程使福利管理更加高效和可靠。

自助平台设有反馈机制,鼓励员工对福利项目提出意见和建议,促进福利方案的持续优化与改进。通过这种开放的反馈渠道,企业能够及时获取员工的真实想法和建议,从而在福利管理上做出及时调整和改进。这种互动机制不仅提升了员工的参与感和责任感,也为企业提供了宝贵的管理信息。持续的优化过程,使得福利方案能够与时俱进,保持对员工的吸引力和竞争力。反馈机制的设立是实现福利管理动态调整的重要保障。

第三节　劳动关系管理的数字化实践

一、数字化工具在工时与考勤管理中的应用

(一)数字化智能考勤系统的应用与实践

数字化智能考勤系统通过生物识别技术,如指纹和面部识别,显著提高了考勤数据的准确性,减少了人为错误的发生率。传统的考勤方式往往依赖于纸质记录或简单的打卡机,这不仅效率低下,还容易出现数据丢失或错误。相比之下,数字化智能考勤系统能够在员工进入工作场所时自动记录考勤数据,确保信息的准确性和完整性。这种技术的应用不仅提升了考勤管理的效率,还为企业在劳动关系管理中提供了更为可靠的数据支持。

该系统能够实时记录员工的考勤状态,并支持远程考勤功能,极大地方便了

灵活的工作安排。特别是在远程办公和灵活工作制日益普及的背景下,数字化智能考勤系统的这种功能显得尤为重要。员工可以在任何有网络的地方进行考勤,企业也可以实时掌握员工的工作状态。这种灵活性不仅提高了员工的工作满意度,还使企业能够更好地适应快速变化的市场环境和工作模式。通过这种方式,企业可以在不牺牲效率的情况下,保持更多的工作灵活性,以吸引和留住人才。

智能考勤系统还集成了强大的数据分析功能,能够生成详细的考勤报告,为管理层提供决策支持。这些报告可以帮助识别员工的考勤模式和出勤率,为管理层提供有关员工工作习惯的深入见解。这些数据不仅可以用于优化排班和资源分配,还可以作为绩效评估的重要依据。通过对考勤数据的深入分析,企业可以更好地了解员工的工作行为,从而制定更为合理和有效的人力资源管理策略。这种数据驱动的管理方式已经成为现代企业提升竞争力的重要手段。

系统还提供了自助服务功能,员工可以通过移动应用查看个人考勤记录,并申请请假。这种自助服务不仅提升了员工的参与感和满意度,还减少了人力资源部门的工作负担。员工可以随时随地查看自己的考勤信息,了解自己的出勤情况,并根据需要进行请假申请。这种透明和便利的管理方式,使员工对企业的人力资源管理有了更高的满意度,同时也促进了员工与企业之间的信任关系。通过这种方式,企业能够更好地激励员工,提高整体工作效率。

智能考勤系统通过与人力资源管理系统的集成,实现了数据的自动同步。这一功能确保了考勤信息与薪酬、绩效等其他人力资源模块的一致性,避免了数据孤岛的产生。通过这种集成,企业能够实现人力资源管理的全面数字化,提升管理效率和准确性。这种数据的一致性不仅减少了管理的复杂性,还为企业在薪酬和绩效管理中提供了更加可靠的基础数据。这种全面的数字化转型,使企业能够在激烈的市场竞争中保持领先地位。

(二)基于数据的工时管理优化

通过对员工工时使用模式进行深入的数据分析,企业可以更科学地优化工作时间安排。这不仅有助于提高整体工作效率,还能有效减少员工的疲劳感,提升工作满意度。通过对工时数据的分析,企业能够识别出哪些时间段是员工工作效率的高峰期,进而调整工作安排,以最大化生产力。数据驱动的决策让企业在制定工时政策时更加精准,避免了传统管理中可能出现的盲目性。

建立实时监控机制是确保工时管理合规性的重要措施。实时监控可以帮助企业及时发现工时管理中的异常情况,如超时工作或未按规定休息等问题。这种机制不仅有助于企业遵循相关法律法规,减少潜在的法律风险,还能通过数据的透明化提升员工对企业管理的信任度。实时监控结合数据分析,能为企业提供翔实的工时使用情况报告,帮助管理层做出更为准确的决策,从而在提升管理效率的同时,进一步降低企业风险。

智能算法在工时数据预测中的应用,为企业合理安排人力资源提供了强有力的支持。通过对历史工时数据的分析,智能算法可以预测未来的工作量需求,帮助企业提前做好人力资源的调配,避免因突发任务导致的加班现象,从而有效降低加班成本。这种预测机制不仅为企业节省了人力资源管理成本,还能通过合理的资源分配提升员工的工作积极性和满意度,形成良好的企业文化氛围。

结合员工绩效和工时数据,企业可以制定更为灵活的工时政策。这种灵活性不仅体现在工作时间安排上,还包括对员工个性化需求的满足。通过数据的深度分析,企业能够识别出不同员工的工作习惯和效率特点,进而制定出个性化的工时安排和绩效考核标准。这种以人为本的管理方式,不仅提升了员工的满意度,还能激发员工的工作积极性,形成良好的工作环境和企业氛围。

实现工时数据与薪酬、绩效等系统的无缝集成,是提升管理效率和数据准确性的重要步骤。通过信息系统的集成,企业可以确保各部门之间数据的一致性和准确性,避免因数据不一致导致的管理决策偏差。这种集成化管理不仅简化了企业的管理流程,还能通过数据的共享和分析,帮助企业更好地了解员工的工作状态和需求,从而制定出更为科学合理的管理策略,提升整体管理效率。

二、劳动合同管理的智能化

(一)劳动合同模板的数字化管理

在现代企业管理中,数字化管理平台能够创建和存储标准化的劳动合同模板,确保合同内容的一致性和合规性,显著减少人为错误的发生。这种标准化的数字化管理方式,使得企业在合同管理中更加高效,显著降低了因合同条款不一致而引发的法律纠纷风险。此外,数字化平台的应用还使得合同的管理变得更加透明,企业可以随时访问和审核合同条款,确保其符合最新的法律法规要求。

随着法律法规和公司政策的不断变化,企业需要灵活地调整劳动合同模板以保持合规。数字化工具的引入使这一过程变得更加高效和便捷。通过这些工具,企业能够快速更新和分发新的合同模板,确保每一份合同都符合当前的法律和政策要求。这种灵活性不仅提升了企业的管理效率,也增强了其应对外部变化的能力。在快速变化的商业环境中,这种能力是企业保持竞争力的关键。

数字化管理系统还支持在线签署功能,极大地提高了劳动合同签署的效率。通过在线签署,企业不仅可以减少纸质文件的使用,降低运营成本,还能提高环保效益。这种无纸化的办公方式,不仅响应了可持续发展的要求,还为企业的合同管理带来了便捷和高效。同时,在线签署的便利性也提高了员工和管理层的满意度,减少了因签署流程烦琐而导致的时间浪费。

集成的数字化合同管理系统能够自动跟踪合同的执行情况,并提供到期提醒功能。这一功能帮助企业及时进行合同的续签或变更,降低了因合同到期未续签而产生的法律风险。自动化的跟踪和提醒功能,确保企业始终处于主动管理的地位,避免因管理疏忽导致的法律问题。这种预防性管理方式,不仅节省了企业的时间和人力资源,还在很大程度上保护了企业的合法权益。

(二)数字签名技术的应用

数字签名技术通过其独特的加密算法,保障了合同内容的完整性和真实性。数字签名技术的应用有效防止了合同内容被篡改或伪造的风险,这在合同管理中至关重要。加密算法不仅确保了合同文本的不可更改性,还通过生成唯一的签名标识,使得每份合同都具备唯一性和不可抵赖性。这种技术的应用在合同管理的数字化转型中,扮演着不可或缺的角色,为企业和员工之间的合同关系提供了坚实的技术保障。

在合同签署过程中,数字签名技术通过身份验证机制,确认签署人的真实身份。这种机制的引入大大增强了合同签署过程的安全性和可信度。每一个签署步骤都经过严格的身份验证,确保只有经过授权的人员才能进行签署操作。这不仅提高了签署过程的安全性,也增强了各方对合同内容的信任度。数字签名技术的应用使得合同的签署过程更加透明和可追溯,有效降低了合同纠纷的可能性,为企业的劳动关系管理提供了更加可靠的技术支持。

数字签名技术支持在线签署功能,极大提升了合同签署的效率。传统的纸质合同签署往往涉及复杂的流程和长时间的等待,而数字签名技术的应用则显著减少了这一过程所需的时间和成本。通过在线签署,企业和员工可以在任何时间、任何地点完成合同的签署,大大提高了合同管理的便捷性和灵活性。这种高效的签署方式不仅节省了人力和物力资源,也加速了企业内部流程的数字化转型,为企业管理带来了新的发展机遇。

数字签名在法律效力方面的认可,使其成为电子合同执行的重要法律保障。在许多国家和地区,数字签名技术已被法律认可,其效力与传统手写签名无异。这为数字化合同管理的普及提供了强有力的法律支持,促使越来越多的企业采用电子合同形式进行劳动关系管理。法律效力的保障不仅提升了企业在合同管理上的合规性,也为企业在国际范围内的合同管理提供了便利和支持,推动了全球范围内劳动合同管理的数字化进程。

(三)合同生命周期的智能监控

智能监控系统通过自动追踪合同的执行进度,确保各项条款得到及时履行,极大地减少了人工干预的风险。这种自动化的管理方式不仅提高了合同管理的效率,还降低了人为错误的可能性,使企业在合同执行过程中更加可靠和高效。智能监控系统的应用,标志着劳动关系管理进入了一个全新的智能化阶段,为企业的合规运营提供了坚实保障。

智能监控系统的另一个重要功能是通过数据分析识别合同履行中的潜在问题,并及时向管理者发出预警。这种预警机制能够有效地避免合同纠纷的发生,为企业节省了大量的时间和法律费用。通过对合同数据的深入分析,管理者能够提前发现潜在的履行风险,并采取相应的措施进行调整和优化。这一功能不仅提升了合同管理的前瞻性和主动性,还增强了企业在复杂商业环境中的应对能力。

此外,合同生命周期的智能监控还支持数据可视化,帮助管理者直观了解合同状态和关键节点。这种可视化的数据呈现方式,使得管理者能够快速获取合同的执行情况和重要信息,提升了决策效率。通过对合同状态的实时监控和分析,企业可以更好地掌握合同的全貌,及时做出战略调整,以适应市场的变化和需求。这种信息化的管理手段,为企业的决策层提供了强有力的数据支持。

最后,智能监控系统能够自动生成合同到期提醒,确保企业及时处理续签或变更事宜,降低法律风险。这一功能不仅保障了合同的连续性和有效性,还减少了因合同到期而引发的潜在法律问题。通过自动提醒功能,企业能够更好地规划合同的管理周期,确保所有合同在有效期内得到妥善处理。这种智能化的管理方式,极大地提升了企业的法律合规性和风险管理能力,为企业的可持续发展提供了有力支持。

(四)合同变更的自动化处理

自动化处理系统通过预设的条件和规则,能够自动识别合同变更的需求,这一功能极大地减少了人工干预,从而显著提高了处理效率。在传统的合同变更过程中,通常需要大量的人工审核和手动操作,而自动化系统的引入则使得这些流程得以简化和加速,降低了人为错误的可能性。

系统支持在线申请和审批流程,为员工和管理者之间的沟通架起了一座便捷的桥梁。员工可以通过数字平台提交合同变更请求,管理者则能够实时进行审批,从而确保对变更请求的快速响应。这种在线处理模式不仅提高了工作效率,还增强了员工的满意度,因为他们的需求能够得到及时的关注和处理。同时,这种方式也为企业节省了时间和人力资源成本,使得劳动关系管理更加高效。

自动化处理系统还提供了生成详细变更记录和日志的功能,这对于后续的审计和合规检查至关重要。透明的合同管理是企业合规的重要体现,详细的记录和日志能够帮助企业在需要时迅速提供证明材料,减少不合规风险。此外,这种透明性也提升了员工对企业管理的信任度,因为他们可以清晰地了解自己的合同变更流程和状态。

系统集成的数据分析功能为企业提供了实时监控合同变更影响的能力。通过对变更数据的分析,企业能够及时调整相关政策和流程,以适应不断变化的需求。这种灵活性使企业在面对市场变化时能够迅速做出反应,保持竞争优势。同时,数据分析还可以帮助企业发现潜在的问题或趋势,为决策提供科学的依据,进一步优化劳动关系管理。

三、劳动争议处理的数字化流程

(一)劳动争议问题的自动化收集与分类

在现代企业管理中,自动化系统能够实时收集员工关于劳动争议的反馈,确保信息及时、准确地录入数据库。这一过程不仅减少了人工干预的错误风险,还提高了信息处理的速度和精准度。通过先进的技术手段,企业能够更好地掌握员工的真实诉求和问题,从而在争议初期就进行干预和解决,降低因信息滞后导致的管理风险。

此外,自动化系统中的分类算法使得对劳动争议问题的智能分类成为可能。系统能够根据争议问题的性质、涉及的部门及其严重程度进行细致的分类,这为后续的处理和分析提供了便利。智能分类不仅加快了问题的处理速度,还为企业提供了清晰的争议问题全貌,使管理层能够更有针对性地制定解决方案。这种分类能力在复杂的企业环境中尤为重要,有助于提高劳动关系管理的效率和效果。

利用数据分析工具,自动化系统能够识别高频争议问题,帮助管理层制定针对性的预防措施。通过对历史数据的分析,企业可以发现潜在的系统性问题,并在其发展成为严重争议之前进行干预。这种预防性的管理方式不仅减少了争议的发生,还增强了员工的满意度和归属感。数据分析的结果为企业提供了有力的决策支持,使其在劳动关系管理中更具前瞻性和主动性。

最后,系统可以生成劳动争议问题的统计报告,为企业决策提供数据支持,提升争议处理的效率和透明度。统计报告能够详细展示争议问题的类型、数量及其变化趋势,使管理层对企业内部的劳动关系状况有全面的了解。透明的争议处理流程不仅增强了员工对企业的信任,还提高了企业在市场中的声誉。通过数字化转型,企业能够在劳动关系管理中实现更高效的运作和更和谐的内部环境。

(二)智能化争议处理系统的设计与应用

智能化争议处理系统通过数字化手段提升劳动争议处理的效率和效果。智能化系统的设计首先应具备自动化的投诉受理功能,这一功能允许员工通过在线平台快速提交争议问题,从而确保信息的及时性和准确性。通过这种方式,企业不仅能够迅速获取员工的反馈,还能在问题初现端倪时即进行干预,避免事态的进一步恶化。这种自动化功能的实现,是数字化转型背景下劳动关系管理的一大进步。

此外,智能化争议处理系统应集成先进的智能分析工具。这些工具能够对收集到的争议问题进行深度的数据挖掘,识别出潜在的争议模式和趋势。通过这种方式,管理层可以获得更为精准的决策支持,进而制定出更为有效的管理策略。智能分析不仅限于当前问题的解决,还能为企业的长期发展提供战略性建议。通过对历史数据的分析,企业可以预见未来可能出现的争议,并提前采取预防措施,从而减少不必要的摩擦和损失。

设计智能化争议处理系统时,还应包括多层次的沟通渠道。这些渠道允许员工与人力资源部门进行实时互动,促进信息透明化和问题的快速解决。通过建立这样的沟通平台,企业能够在争议发生时迅速响应,减少因信息不对称而导致的误解和冲突。多层次的沟通不仅提升了员工的满意度和信任感,也为企业营造了一个开放、包容的工作环境,有助于企业的整体和谐与稳定。

最后,智能化系统应具备完善的绩效反馈机制。系统能够定期生成争议处理的统计报告,帮助企业评估争议处理的效果并优化相关政策。这种反馈机制不仅为企业提供了客观的绩效评估依据,还能指导企业不断完善自身的管理制度。通过对争议处理效果的持续监测和改进,企业可以在不断变化的市场环境中保持竞争优势,确保劳动关系的和谐与稳定。智能化争议处理系统的全面应用,将为企业的长远发展奠定坚实的基础。

(三)争议处理进度的实时跟踪与反馈

在数字化转型的背景下,劳动争议处理的实时跟踪使得争议处理的每个阶段都能自动更新,确保相关人员能及时了解最新情况。这种透明度的提升不仅有助于减少信息不对称带来的误解,还能增强各方对流程的信任感。通过数字化手段,企业能够更高效地协调内部资源,确保争议处理过程的顺利进行。

移动应用的普及进一步推动了争议处理的数字化进程。员工可以通过移动应用随时查看争议处理的状态,这种便捷的方式大大增强了员工对处理流程的参与感和信任感。员工不仅是被动的接收者,还能通过应用平台积极参与到争议处理的过程中。这种参与感的增强,不仅有助于提升员工的满意度,也为企业营造了更加和谐的劳动关系环境。

此外,系统生成的定期进度报告为管理层提供了全面的争议处理效率评估依据。这些报告能够帮助管理层识别流程中的瓶颈和不足之处,并为后续的流程优化提供数据支持。通过对报告的分析,企业可以制定更加精准的策略,提升争议处理的整体效率。这种数据驱动的管理方式,为企业在面对复杂劳动关系时提供了更为科学的决策依据。

实时反馈机制的引入,使得员工能够对争议处理进度提出意见,促进管理层及时调整策略以应对潜在问题。这种机制不仅提高了处理效率,还为员工提供了表达诉求的渠道,增强了员工的归属感和满意度。通过及时的反馈和调整,企业能够更好地适应外部环境的变化,保持劳动关系的稳定性。这种动态调整的能力,是企业在数字化时代保持竞争力的重要保障。

(四)数字化争议解决方案的创新与实施

随着信息技术的飞速发展,传统的争议解决方式逐渐显露出其局限性,无法满足企业对效率和透明度的高要求。通过引入数字化手段,企业可以实现争议处理的自动化和智能化,从而提升整体管理水平。数字化争议解决方案不仅仅是技术的革新,更是一种管理理念的转变,它强调通过技术手段优化争议处理流程,提高各方的满意度和信任感。这一创新过程需要企业在技术、管理和文化等多个层面进行同步调整,以确保数字化方案的有效实施。

开发实时监控工具是数字化争议解决方案的一个重要组成部分。通过这些工具,企业可以对争议处理的每一个环节进行实时跟踪,确保各方及时获得相关信息。这种透明度的增强,不仅有助于提升各方的信任感,还可以有效地减少因信息不对称而引发的误解和矛盾。实时监控工具的应用,使得管理层能够快速识别争议处理过程中的瓶颈和障碍,从而采取针对性的措施进行改进。此外,实时监控还可以为企业的争议处理提供数据支持,帮助管理者进行更科学的决策和政策调整。

实施多渠道沟通平台是提升争议处理效率的另一关键举措。通过多渠道平台,员工和管理层之间可以实现即时互动,快速响应争议问题。这种即时沟通的方式,不仅能够提高信息传递的速度,还可以增强沟通的灵活性和有效性。多渠道平台的应用,使得员工可以在任何时间、任何地点与管理层进行沟通,减少了因时间和空间限制而导致的沟通障碍。这种沟通模式的转变,有助于增强员工的参与感和满意度,从而为企业创造一个更加和谐的劳动关系环境。

设计数据驱动的争议分析报告是实现争议处理优化的基础。通过定期生成和分析这些报告,企业可以对争议处理的效果进行全面评估。数据驱动的分析不仅能够揭示争议处理中的共性问题,还可以为企业优化政策和流程提供科学依据。这种基于数据的决策方式,使得企业能够更精准地识别和解决争议问题,提高整体管理水平。通过数据分析,企业可以不断调整和完善争议处理机制,确保其在快速变化的商业环境中保持竞争力和适应性。

四、员工离职管理系统的数字化建设

(一)离职面谈的数字化记录

在数字化转型的浪潮中,企业通过在线问卷形式收集员工反馈,能够确保信息的标准化和系统化。这种方式不仅提升了数据收集的效率,还能保证信息的一致性和完整性,为后续的分析提供了可靠的基础。在线问卷的使用使得离职面谈不再局限于面对面的交流,员工可以在更为放松的环境中表达真实的想法和感受,进而提高反馈的真实性和有效性。

数字化记录的另一个显著优势在于其实时保存功能。离职面谈的内容能够被即时记录和存档,方便企业进行后续的分析和归档。这种实时保存的特点大大提升了数据的可追溯性,确保企业在需要时能够迅速查阅和利用这些信息。与传统的纸质记录相比,数字化记录不仅提高了信息的安全性,还减少了信息丢失的风险。同时,这种电子化的记录方式也便于信息的共享和传输,使得相关部门能够及时获取离职数据,进行相应的调整和决策。

语音识别技术的应用进一步优化了离职面谈的数字化记录过程。通过语音识别,离职面谈的内容可以自动转录为文本,显著减少了人工记录的时间和错误。语音识别技术的引入不仅提高了记录的准确性,还解放了人力资源管理者的双手,使他们能够更专注于与员工的互动和沟通。这一技术的应用不仅是对传统记录方式的革新,也为企业提供了更为高效和便捷的离职管理工具。

数字化记录系统还可以对离职原因进行分类和统计,帮助企业识别潜在的人力资源管理问题。通过对离职原因的分析,企业能够发现管理中的薄弱环节,并采取针对性的措施加以改进。这种分类和统计功能使得企业能够从宏观角度了解员工流失的整体情况,进而制定更加科学和有效的人力资源策略。此外,这种系统化的分析也为企业的管理决策提供了数据支持,帮助企业在激烈的市场竞争中保持竞争优势。

最后,通过数据分析工具,企业可以定期生成离职面谈报告,评估员工流失的趋势和影响因素。这些报告不仅为企业提供了详尽的员工流失数据,还帮助企业理解员工离职的深层次原因。通过对这些数据的深入分析,企业能够识别出影响员工离职的关键因素,从而在管理策略上进行优化和调整。这种基于数据的管理方式不仅提高了企业的人力资源管理水平,也为企业的长远发展奠定了坚实的基础。在数字化转型的背景下,离职面谈的数字化记录无疑是企业提升管理效率和竞争力的重要手段。

(二)智能化离职原因分析与挖掘

在现代企业的人力资源管理中,智能化离职原因分析系统利用自然语言处理技术,能够自动识别员工在离职面谈中提到的关键问题和情绪。通过这一技术,管理者可以快速获取员工离职的真实原因,避免传统面谈中信息获取的片面性和主观性。这一过程不仅提高了离职原因分析的效率,也为企业制定更为有效的员工保留策略奠定了基础。

数据挖掘技术的应用进一步深化了离职原因的分析。通过对历史离职数据的分析,企业可以识别出常见的离职原因模式。这样的数据分析结果为管理层提供了制定针对性策略的依据。不同企业可能面临不同的离职原因,通过这种智能化分析,企业能够了解自身的独特挑战,并据此调整管理和激励措施。结合员工满意度调查数据,智能化系统能够交叉分析离职原因与员工满意度之间的关系,识别影响员工留任的关键因素。这种综合分析不仅揭示了员工流失的表面原因,更挖掘出深层次的动因,助力企业在员工关系管理上做出更精准的决策。

智能化离职原因分析系统还具备实时生成离职原因可视化报告的功能。这些报告以直观的方式呈现员工流失的主要动因,帮助管理层更好地理解离职趋势和风险。通过可视化的手段,复杂的数据分析结果变得更加易于解读,这不仅提升了管理决策的科学性,也使得决策过程更加透明和可信。此外,系统能够建立员工离职的预警机制,通过分析员工的工作表现和情绪变化,提前识别可能的离职风险。这一功能使企业能够在问题出现之前采取干预措施,从而有效降低离职率,稳定团队结构。

(三)员工离职手续的自动化处理

在现代企业中,自动化系统可以生成员工离职手续的标准化流程,确保所有离职员工遵循一致的手续。这种标准化不仅降低了人为错误的可能性,还提升了企业管理的规范性与一致性。通过建立标准化流程,企业能够在离职管理中实现更高的可靠性和可预测性,减少因手续不一致带来的潜在法律和管理风险。

此外,自动化系统能够实时跟踪离职手续的进度,确保各部门能够及时完成相应的审批和交接。这种实时跟踪能力极大地提升了工作效率,避免了因信息不对称导致的延误或误解。各部门通过系统的提醒功能,可以在规定时间内完成各自的任务,确保离职手续的顺利进行。这种高效的流程管理不仅节省了时间和人力成本,还为企业提供了更为精细化的管理工具。

通过数字化平台,员工可以在线提交离职申请及相关文件,简化了传统的纸质流程。在线提交的便利性提升了用户体验,使员工在离职过程中感受到企业的关怀与重视。这种数字化的方式不仅提高了员工的满意度,也为企业节省了大量的时间和资源。通过简化流程,企业能够更专注于核心业务的发展,提升整体运作效率。

自动化处理系统还能够生成离职员工的最终结算清单,确保所有薪酬、福利和补偿的准确计算与透明。系统的精确计算功能减少了人工计算可能带来的错误,并通过透明的结算清单增强了员工对企业的信任。这样的透明度不仅有助于维护良好的企业声誉,还为离职员工提供了清晰的财务状况说明,便于他们进行个人财务规划。

系统集成的反馈机制允许离职员工对离职手续的处理过程进行评价,这为企业提供了宝贵的改进意见。通过收集和分析员工的反馈,企业可以持续优化离职管理流程,提升管理质量。反馈机制不仅帮助企业了解员工的真实感受,还能通过不断调整和改进,建立更具竞争力的管理体系。这种以员工为中心的改进方式,有助于企业在激烈的市场竞争中脱颖而出。

人力资源管理在数字化转型中的应用研究日益深入,其对企业发展的重要性不言而喻。数字化转型通过引入云计算、大数据、人工智能等先进技术,极大地提升了人力资源管理的效率和精准度。在招聘环节,人工智能技术的应用实现了简历的自动筛选和初步评估,不仅提高了招聘效率,还能减少或避免潜在的偏见,确保选拔过程的公正性。在培训与发展方面,数字化平台提供了个性化的学习路径和实时反馈,有助于员工技能的提升和职业规划的实现。此外,数字化工具还帮助人力资源部门实现了数据的实时监控和分析,为决策提供了科学依据。总体而言,人力资源管理在数字化转型中的探索与实践,不仅优化了管理流程,还增强了企业的竞争力和创新力,为企业的可持续发展奠定了坚实基础。未来,随着技术的不断进步,人力资源管理在数字化转型中的应用将更加广泛和深入。

参考文献

[1] 徐刚.人力资源数字化转型行动指南[M].北京:机械工业出版社,2021.

[2] 靳娟.数字化人力资源管理[M].北京:首都经济贸易大学出版社,2024.

[3] 叶映.机器人时代企业人力资源管理变革研究[M].北京:机械工业出版社,2021.

[4] 赵娟.新时期高校人力资源管理理论与创新[M].长春:吉林出版集团股份有限公司,2022.

[5] 肖琳.人力资源管理综合实训教程[M].大连:东北财经大学出版社,2021.

[6] 夏浩,李敏,马子裕.人力资源管理信息系统项目管理[M].北京:冶金工业出版社,2022.

[7] 欧立光.信息化背景下企业人力资源管理创新研究[M].长春:吉林大学出版社,2021.

[8] 丁伟杰,紫树梁,郭利新.人力资源信息化建设与档案管理[M].哈尔滨:哈尔滨出版社,2023.

[9] 肖艳,方玉辉,王瑾.现代人力资源管理[M].哈尔滨:东北林业大学出版社,2024.

[10] 徐大丰,范文锋,牛海燕.人力资源管理信息系统[M].北京:首都经济贸易大学出版社,2022.

[11] 狄晶,董倩.人力资源开发与管理理论实务探究[M].长春:吉林人民出版社,2023.

[12] 焦艳芳.人力资源管理理论研究与大数据应用[M].北京:北京工业大学出版社,2022.

[13] 周丽.数据科技人力资源管理[M].武汉:武汉大学出版社,2023.

[14] 闫芃燕.新时期人力资源管理体系的构建与创新优化[M].北京:中国原子能出版社,2024.

[15] 张汉斌,栾亚丽,谷宁.互联网+时代下的人力资源管理与创新[M].长春:吉林科学技术出版社,2023.